부산 독립선언

부산 독립선언

지방은 식민지인가?
지방분권과 도시국가를 향하여

박창희 · 이승렬 지음

페이퍼로드
paperroad

부산, 독립선언이라니?

'도시국가'라고 하면 반사적으로 싱가포르나 홍콩, 두바이를 떠올린다. 이 중 싱가포르는 지구상에서 가장 성공한 도시국가의 모델로 꼽힌다. 항만물류, 금융, 관광, 교육, 의료 등 어느 분야를 들여다봐도 경쟁력이 있다. 그래서 잘산다.

대한민국 제2의 도시, 부산을 경쟁력 갖춘 도시국가로 만들 수는 없을까? "부산이 웬 국가?"라거나, "어울리지 않는 옷", "엉뚱한 소리"라고 쏘아붙일지도 모르겠다. 하지만 쏘아붙이기 전에, 대한민국이 이 상태로, 이 체제와 틀(시스템)로 21세기 무한경쟁시대에서 살아남을 수 있을지 자문해보자. 특히 희망의 근거를 찾지 못해 우왕좌왕하는 지방과 지방도시는 무슨 수로 살아남을 수 있을지 반문해보자.

이러한 질문과 고민 속에서 우리가 얻은 하나의 결론이 바로 '도시국가 시스템'이다. 싱가포르가 잘사는 이유가 바로 거기에 있었고, 홍콩의 경쟁력이 거기서 나왔으며, 두바이의 창조적 상상력도 도시국가라는 체제에서 비롯되었음을 알 수 있었다. 여기에 부산을 대입하지 못할 이유는 없을 터였다.

2008년 한 해 동안 〈국제신문〉 지면을 뜨겁게 달군 '부산─도시국가론'은 부산의 자기 혁신 선언이자 일종의 독립선언이다. 하지만 나라 하나를 새로 만들자는 논의는 아니다. 역발상을 통해 지역 혁신을 꾀하고 미래를 찾아가는 전향적 틀이 바로 도시국가라는 것을 말하고 싶다.

독립을 하려면 기존 상식과 관행을 뛰어넘는 파격과 역발상이 필요했다. 그러다 보니 이러한 논의에 대해 일부에서는 "너무 파격적이다", "이상론에 불과하다", "꿈만 가진다고 뭐가 되느냐? 권한이 없는데……" 하며 애써 의미를 축소하기도 했다.

2008년 4월 도시국가론이 사회적 의제로서 힘을 배양하고 있을 무렵, 허남식 부산시장과 가진 인터뷰가 기억에 남는다. '도시국가'라는 말이 나오자 허 시장의 눈빛이 달라졌다. 당장이라도 부산을 도시국가로 만들겠다는 선언을 할 태세였다. 인터뷰에선 강력한 희망사항 정도로 정리되었지만, 허 시장은 "도시국가론이 부산을 확실히 살릴 것"이라는 점을 몇 차례 강조했다. 한국의 지방 도시들은 이처럼 어떤 '돌파구'에 목말라 하고 있는 것이다.

우리가 한창 '부산 독립'을 주창하고 있을 때 흥미로운 책 한 권이 출간됐다. 전북대학교 강준만 교수가 펴낸《지방은 식민지다》라는 책이다. 지방 사람이 느끼는 답답함은 부산이나 전주나 다르지 않은 모양이다. 아니 그나마 좀 더 규모가 큰 도시인 부산과 부산 사람이 느끼는 것보다 중소 도시 사람들이 체감하는 소외감과 무력감이 더 심했던 것 같다. 강 교수가 예리한 촉수로 짚어낸 지방 현실 극복 대안 가운데 하나가 도시국가가 아닐까 싶다.

'부산—도시국가론'은 엄밀히 말하자면 부산만을 위한 것은 아니다. 대한민국의 모든 지방과 지방민이 서울공화국으로부터 독립해 '지방'이 아닌 당당한 '지역'으로 거듭나자는 뜻을 담은 것이다. 즉 '부산 독립선언'이라기보다는 '지방 독립선언'의 어젠다이다. 국가 간이든, 국가 내부에서든 인류가 살아가는 곳 그 어디서도 식민지는 없어야 한다. 이미 식민지가 돼 있다면 독립 투쟁을 해야 한다. 그리고 그 독립은 하늘에서 그냥 뚝 떨어지지 않는다.

이 책은 부산을 도시국가로 만드는 전략을 제시하고 있다. 동시에 도시국가로 가는 길을 가로막고 있는 '벽'을 부술 방안을 찾는다. 지방을 옥죄고 있는 규제, 중앙 중심의 정책, 풀리지 않는 분권과 자치, 이 모든 것의 소통을 가로막는 정치적·제도적·의식적 '족쇄'를 풀어야 지방의 새로운 미래가 열린다는 것이 우리의 진단이다.

펼쳐놓은 논의의 틀이 정교하지 못하고 마음만 앞서간 부분도 없지는 않을 것이다. 하지만 기존의 지방분권, 지방자치의 틀을 벗어나 지방 안팎의 문제를 '도시국가'라는 틀로 진단하고 대안을 제시해 논의를 확대한 것은 작은 성과라고 자평한다.

정치권 일각에서 '강소국 연방제론'을 제기하고 부산발전연구원 등에서 국제자유도시(도시국가의 선행 단계)를 본격 연구하고 있다는 소식은 가뭄에 단비마냥 반갑다. 강소국 연방제는 이름만 다를 뿐 특정 지역 도시국가론의 확대판이라 볼 수 있는 개념이다. 차제에 국가적 행정구역 개편 논의 시 강소국 연방제론과 도시국가론이 국가 대개조의 전략적 콘텐츠가 되기를 기대해본다.

미진한 원고를 다듬어 책으로 엮어준 페이퍼로드 출판사에 깊은 고마움을 표한다. 연재 중 격려와 성원을 아끼지 않은 국제신문사의 선후배와 동료들, 취재에 적극 협조하며 조언을 아끼지 않은 여러 전문가에게도 감사의 뜻을 전한다.

　지난 1년간의 논전(論戰)을 떠올리니 행복해진다. 여기 던져놓은 의제가 서울과 지방, 한국의 모든 지역이 잘사는 공통분모를 찾아가는 나침반이 되었으면 하는 바람이다. 그것이 모두가 행복해지는 길이라고 믿는다.

2009년 6월
박창희 · 이승렬

부산, 대한민국 제2의 도시?

대한민국 제2의 도시, 부산. 아니다. 제2의 도시는 이름뿐이고 허울뿐인지도 모른다. 현재 부산을 제2의 도시라고 말할 수 있게 하는 것은 사실 인구밖에 없다. 2007년 말 기준 부산시 인구는 361만 명. 그나마도 1995년(389만 2972명)을 기점으로 매년 줄고 있다. 수도권의 신형 엔진이라 불리는 인천이 부산을 추월하는 것은 시간문제로 보인다.

21세기 대한민국에는 크게 두 부류의 사람이 산다. 서울 사람과 지방 사람. '두 부류의 국민'은 극심한 불균형 속에서 서로를 인정하기를 주저한다. 대한민국이라는 공화국, 그리고 한민족 공동체는 하나가 되어 상생의 길로 나아가지 못하고 제로섬 게임(zero-sum game)을 하고 있다. 지방과 서울이 결국 서로의 이득과 손실의 총합이 제로가 되는 게임을 하고 있다는 것이다. 수도권 규제 완화를 놓고 벌어지는 지방과 수도권의 갈등이 이를 대변한다. 이명박 정부는 선(先)균형발전 정책을 옆으로 밀쳐두고 수도권 규제 완화부터 시행하고 있다. 수도권의 숨통은 트일지 모르지만 지방의 살길은 더욱 막막해진다.

지방은 서울의 식민지인가?

경제적 활력을 잃어가는 대한민국의 지방, 그 중심에 허우대만 멀쩡한 부산이 있다. 해양수도, 물류중심도시, 세계도시라는 거창한 수식어를 외피로 걸치고 있지만 속을 들여다보면 영양실조에 빠진 모습이다. 상품과 사람과 돈이 원활하게 돌지 않는다. 인재는 빠져나가고 시민들은 아이를 낳지 않으며 기업들 역시 틈만 나면 탈(脫)부산을 생각한다. 그러는 사이, 지역경제는 장기 불황에서 헤어나지 못하고 있다.

그뿐인가. 특정 당의 오랜 독식에다 중앙에서 모든 것을 결정하는 정치 구조로 인해 지역 정치가 숨 쉴 구멍이 없다. 지역의 리더십이 자랄 정치적 토대도 허약하다. 부산 지역 정가에는 '3무(無)'가 있다는 우스갯소리가 나돈다. 무비판, 무견제, 무경쟁이다. 특정 당이 국회의원과 시장, 시의회, 구의회를 거의 장악하고 있으니 이런 '3무 사태'가 벌어진다는 것이다. 결코 웃을 일이 아니다. 지방자치의 위기를 보여주는 이야기다.

한쪽에선 지방자치와 분권을 목 놓아 부르짖지만 중앙정치권은 물론 지방정치권도 그 외침에 귀 기울이지 않는다. 지방정치는 선거 때에만 작동되는 듯하다. 지방 분권도 가다 서다를 반복할 뿐 속도감이 없다. 시민사회에서 그렇게 소리 높여 외치는 분권과 자치는 여전히 광야의 메아리에 불과할 뿐이다.

부산시의 재정 상황은 수치상 매우 심각하다. 부산시의 재정자립도는 지난 1995년 82.2%에서 해마다 뚝뚝 떨어져 2007년에는 63.2%를 기록했다. 경악할 정도의 하향 곡선이다. 이대로 가면 4년 후인 2012년부터는 중앙정부 의존도가 50%를 넘어서게 된다는 것이 부산시 산하 연구기관인 부산발전연구원의 분석이다.

재정자립도 악화는 지방세에 비해 국세 의존도가 그만큼 높아진다는 말이다. 부산시의 지방세 비율은 2001년 21.8%에서 2007년 20.5%로 퇴보했다. 일본과 미국 도시들(약 40%)의 절반 수준이고 OECD 평균인 22%보다도 낮다.

돈 없는 지방이 되다 보니 지방정부가 독자적으로 할 수 있는 일은 줄어들 수밖에 없다. 자연 중앙 종속이 심화된다. 지역 기관장들의 예산 로비를 위한 서울 출장이 일상이 되어버렸고, 중앙의 입맛과 눈치를 봐야 국비를 타내는 진풍경이 연출된다. 예산 로비를 위해 인맥, 학맥, 각종 연고가 다 동원된다. 예산을 많이 확보해 오는 기관장만이 능력을 인정받는다.

그런데 이렇게 해서 맡은 국책 사업들이 또 가관이다. 국비가 나올 수 있게 사업을 계획해 예산을 요청하고 정부가 그것을 주로 수용한 결과, 도로 놓고 다리 만드는 토목 공사가 대부분이다. 지역의 특화 사업, 상징적인 전략 사업 등은 후순위로 밀리기 일쑤다. 그러다 보니 각 지방정부에서 주체적으로 사업 전략을 짜서 설득하는 모습을 보기란 좀처럼 어렵다. 서울공화국의 슬픈 단면이다. 지방이 서울(중앙)의 식민지라는 표현이 결코 과장이 아니다.

이러한 현실 속에서 지역경제의 활력을 기대한다는 것은 연목구어(緣木求魚)다. 예를 들어 부산의 취업자 수는 157만 8000명으로 지난해 같은 기간보다 2만 명 줄었다(통계청 2008년 2월 고용 동향). 전국적인 축소 폭이 작았던 것과 대조되는 결과다. 부산의 경제활동인구 역시 164만 6000명으로 2만 3000명이 줄었다. 실업률은 부산 4.1%, 울산 3.2%, 경남 2.1%로 부산만 전국 평균 3.5%를

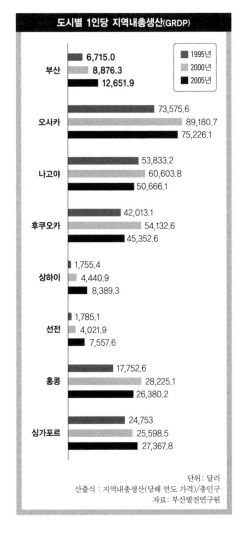

도시별 1인당 지역내총생산(GRDP)

	1995년	2000년	2005년
부산	6,715.0	8,876.3	12,651.9
오사카	73,575.6	89,180.7	75,226.1
나고야	53,833.2	60,603.8	50,666.1
후쿠오카	42,013.1	54,132.6	45,352.6
상하이	1,755.4	4,440.9	8,389.3
선전	1,785.1	4,021.9	7,557.6
홍콩	17,752.6	28,225.1	26,380.2
싱가포르	24,753	25,598.5	27,367.8

단위: 달러
산출식 : 지역내총생산(당해 연도 가격)/총인구
자료: 부산발전연구원

웃돈다.

지역별 소득 지표인 '1인당 지역내총생산(GRDP)'도 부산은 1320만 원으로 대구에 이어 전국에서 두 번째로 낮다(한국은행 자료, 2006년 기준). 반면 민간 소비 성향은 1.46으로 대구(1.67)에 이어 전국에서 두 번째로 높다.

부산은 아이 낳지 않는 도시로도 유명하다. 통계청이 발표한 2006년 출생 통계에 따르면 부산의 출생률은 0.91로 전국 평균 1.13에 크게 못 미치고 있다. 이 같은 출생률은 아시아 주요 도시 중에서도 최하위권이다.

상황이 이런데도 지역의 지식사회는 문제 제기조차 제대로 하지 않고 있다. 지역 발전 담론을 만들어 토론하고 논쟁하는 풍토가 언제부터인가 사라져버렸다. 대학도 시민사회도 제 앞가림 하느라 여념이 없는 형국이다. 지역 언론이 제 역할을 못한다는 비판도 뒤따르고 있다. 총체적 위기요, 위기의 악순환이다.

그렇지만 희망적이고 긍정적인 요소가 아예 없는 것은 아니다. 부산이 걸어온 근현대사의 역정을 더듬어보면, 부산이 엄청난 역동성과 잠재력을 발휘했다는 것을 알 수 있다. 그 저력이 그나마 오늘날의 위기를 버티는 힘이 되고 있다.

부산의 힘에 주목하라

부산은 세계 간선 항로상에 위치하는 천혜의 항만을 갖고 있다. 부산항은 컨테이너 물동량 처리량이 세계 5위(2007년 1300만TEU)이다. 부산신항이 완료되는 2011년 30선석이 추가로 확보되면 제2의 도약기를 맞이할 것이다. 중국과 일본 등 이웃 나라의 추격을 무시할 수는 없겠지만 부산항의 지리적 이점과 축적된 기술력으로 충분히 방어할 수 있을 것으로 분석된다. 요트 산업과 크루즈 산업 등 고부가가치 레저 · 관광 산업에 대한 관심도 서서히 높아지는 추세이다.

무엇보다 부산은 항구도시 특유의 매력이 넘친다. 시민들의 개방성(글로벌 의식)과 평등성, '한다면 하는' 성미(롯데자이언츠 야구단에 대한 무조건적인 애정), 불의에 대한 저항 의식(부마항쟁, 6월항쟁) 등은 부산 시민들의 기질이자 열정이다.

문화적 잠재력과 경쟁력도 있다. 부산국제영화제(PIFF)는 이제 아시아를 대표하는 문화상품이 되었다. 또한 바다와 강, 산과 온천 등 다양한 자연 환경과, 동래학춤 · 수영야류(水營野遊) 같은 문화적 전통 그리고 자갈치아지매와 해녀, 판잣집 같은 생활 문화는 부산만이 지닌 고유한 콘텐츠라고 할 수 있다.

일반적으로 한물갔다고 평가받는 부산 지역의 제조업도 긍정적인 변화의 힘을 내장하고 있다. 지역내총생산에서 제조업이 차지하는 비중은 2001년 18.7%에서 2006년 15.1%로 낮아졌지만 매출액은 같은 기간 동안 20조 9690억 원에서 30조 3490억 원으로 50% 이상 성장했다. 전반적인 경기 침체에도 연평균 10% 가까운 고성장을 이루고 있는 것이다. 특히 부산 지역 100대 기업의 매출액 신장률은 같은 기간 동안 67%에 달해 전국 신장률 36%보다 두 배가량 높다. 제조업에서 발견할 수 있는 작은 희망이다.

국제도시로서의 위상도 높아지고 있다. 부산시가 자매결연을 맺은 해외 도시 수는 19개로, 서울(22개)에 별로 뒤지지 않는다. 거주하는 외국인 숫자 역시 2만 8591명(인용 자료)에 이른다. 외국인 인적 자원이 결코 적지 않은 것이다. 2007년에는 아시아 8대 국제회의 도시로도 선정되어 '컨벤션 도시'로서의 위상을 다져가고 있다. 매년 30여 차례의 국제회의를 열어온 벡스코(BEXCO)는 제2의 벡스코 건설에 박차를 가하고 있다.

주변 지역까지 아우르는 '확장성' 또한 부산의 장점이다. 부산, 울산, 경남을 아우르는 동남권 중추 도시로서 발전 가능성이 높다는 뜻이다. 동남권의 인구는 770만 명으로 홍콩(700만 명)과 거의 맞먹고, 2006년 지역내총생산(GRDP)이 1560억 달러로 싱가포르(1310억 달러)보다 더 많다. 동남권을 하나의 권역으로 보고 세계의 국가별 GRDP 순위를 따지면 36위권이다. 여기에 부산—후쿠오카를 잇는 규슈 경제권이 태동하고 향후 한일 해저 터널까지 놓이면 확장성은 '지역국가' 그 이상이 될 수 있다.

구분	지표	단위	2006년	2010년	2020년
도시경쟁력	R&D 생산 비중	%	0.8	2	5
	1인당 시민소득	만 달러	1.1	2	3
	항만물동량	백만TEU	12	14	22
	항만선석수	선석	21	47	52
	다국적 기업 물류센터	개소	3	30	50
	국내외 R&D 기관(연구소)	개소	1	5	10
	국제회의 개최(UIA 인증)	회	14	20	30
	UFI 인증 전시회	회	–	4	12
	외래 관광객 수	만 명	175	230	260
	국제기구 유치	개소	1	3	8
	국제여객 수송실적	만 명	100	150	250
	국제선 항공 항로	노선	17	28	34
	크루즈선 입항 척수	척	22	30	100
	외국인 학교 수	개수	6	8	15
생활환경	교통사고 발생 건수	건/만대	136.9	114.1	68.5
	시민 1인당 공원 면적	㎡/인	1.1	1.6	3
시민사회	평생교육 참여율	%	10	25	50
	국공립 보육시설 수	개소	79	95	150
	노인 및 장애인 복지시설	개소	39	50	90
	1인당 의료인 수	인/만 명	16.2	18.6	18.9
	문화시설(전시, 공연 등)	개소	47	58	75

자료: 부산발전연구원

이처럼 부산은 위기와 기회가 공존하는 도시다. 오랜 수도권 집중화로 제2도시의 역동성을 잃어가고 있지만, 잠재력과 발전 가능성은 세계 어느 도시 못지않다.

위기와 기회 사이에는 왜 괴리가 생기는가? 문제를 정확히 꿰뚫어봐야 처방이 나온다. 이 책에서 제기하는 강력한 처방전은 바로 '도시국가론'이다. 이는 위기를 기회로 반전시킬 대한민국 제2도시의 회생 전략이다.

도시국가론의 입구

도시국가론을 펼치기 위한 두 개의 풍경

2008년 부산은 왜?

도시국가란 무엇인가?

1

도시국가론을 펼치기 위한 두 개의 풍경

2048년 부산, 신세계로의 여행

2048년 8월 14일. 외국인들이 '동북아 비즈니스 1번지'로 부르는 부산에 살고 있는 국제금융 전문가 구보(40세) 씨는 이날 자신의 마흔 번째 생일을 맞아 미역국을 곁들인 아침 식사를 했다. 구보 씨가 손에 든 영자 조간신문은 '대한민국 정부 수립 100주년(8월 15일)'에 대한 특집 기사를 주요 뉴스로 다루고 있었다. "1945년 8월 15일 해방된 우리나라는 3년 뒤 자유민주주의와 시장경제를 선택해 마침내 건국, 독립 국가로 세계에 이름을 알리고……."

100년이라는 파란만장의 대한민국사를 생각하던 구보 씨는 아련한 감회에 젖었다. 한 몸이던 대한민국이 각 도시에 고도의 자치권이 부여되는 연방제 형태로 바뀌면서 그 자신에게도 이젠 '도시국가' 부산의 시민이라는 관념이 더 크게 자리 잡고 있었기 때문이다.

신문을 넘기던 구보 씨의 눈길이 국제경제면의 헤드라인에 멈췄다. '2048년 상반기 세계 1000대 부호의 부산 지역 투자액 상승'이란 제목을 단 기사였다. 세계 1000대 부호들의 보유 자산 1%인 6000억 달러가 부산권에 투자되어 있다는 뉴스였다. 구보 씨는 가벼운 미소를 짓고는 오전 10시로 예정된 해외 지사 직원들과의 원격 화상 회의를 위해 해운대 집을 나섰다.

회사가 위치한 부산 강서구 명지동의 국제금융 지구까지 도시고속철도(일명 부산 익스프레스)를 이용하는데 소요 시간은 25분이다. 이 도시고속철도는 지하철 개념을 뛰어넘는 '시티 트레인'으로 동부산권과 서부산권을 하나로 묶은 획기적인 교통 시설이다. '도시국가' 부산 이야기가 처음 나온 2008년부터 필요성이 거론되다가 2028년 본격 건설에 들어가 15년 만인 2043년에 전 구간이 완전히 개통되었다.

회사에 도착한 구보 씨는 자신이 다니는 자산운용사의 다국적 직원들과 '세계 1000대 부호의 부산 지역 투자 유치 건'을 주제로 미팅을 가졌다. 직원들은 명지 지구에 들어와 있는 150여 다국적 금융 회사 및 50여 한국 자산운용사들과의 고객 확보 경쟁에서 우위를 점하기 위한 아이디어들을 쏟아냈다. 해외 지사 직원들과의 원격 회의에서는 해외 현지에서 원천적으로 부산행 자금을 선점하는 방안이 마련되어야 한다는 소결론이 내려졌다.

오전 회의를 마친 구보 씨는 친구의 차량을 이용해 점심 식사 약속 장소인 거제도로 향했다. 그의 친구는 미국 동부 아이비리그 대학교 중 한 곳의 부산 명지 분교에서 '국제 물류·금융 대학원'의 교수로 근무했다. 부산에는 세계 100대 대학의 분교 20개가 문을 열고 있다. 30여 년 전에 완공된 거가대교를 타고 이들은 불과 25분 만에 거제도에 도착했다. 출퇴근 시간대의 교통 정체가 심해 부산 자치정부는 얼마 전 도시고속철도를 거제까지 연장한다는 방침을 밝힌 바 있다.

거제에서 초대형 크루즈선을 건조하는 조선 회사에 근무 중인 또 다른 친구를 만났다. 횟집에서 오붓한 식사를 마친 세 사람은 다시 차량에 탑승, 거가대교를 거쳐 부산신항 인근의 동남권 신공항으로 향했다. 이날 오후 뉴욕에서 부산으로 들어오는 직항편을 이용해 영구 귀국하는 죽마고우를 환영하기 위해서였다. 이번에 귀국하는 친구는 부산의 한국영재과학고 출신으로, 고교를 졸업하고 미국으로 건너가 대학을 마친 후 실리콘밸리의 다국적 항공·우주회사 연구소에 정착한 인물이다.

지난해 이 회사의 아시아연구센터가 싱가포르에서 부산으로 이전함에 따라, 부산이 고향인 이 친구는 20년이 넘는 미국 생활을 청산하고 부산 근무를 자청했다. 부산은 아시아의 물류·금융·교육의 허브로서 2048년 현재 글로벌 고급 인재를 양성하는 대학과 국제학교 등이 무려 100여 개, 다국적 기업의 연구소가 300여 개 들어서 있다.

구보 씨는 이 친구의 영구 귀국 문제와 관련해 연초부터 자주 통화하며 귀국 후 자녀들의 교육 문제 등을 논의했다. 부산권에는 2009년 말 기장군에 외국인 자녀만을 대상으로 한 국제학교가 문을 연 것을 시작으로 지난 40년간 국내외 학생 누구나 입학이 가능한 국제학교가 70여 개 들어섰다. 구보 씨는 자신의 아버지로부터, 40여 년 전 홍콩과 싱가포르를 방문했을 때 당시 그곳의 국제학교가 각각 56개와 50개였다는 이야기를 들은 적이 있다. 부산권은 이미 30년 전에 무규제·무과세·무분규·무비자·무언어장벽 등 이른바 '5무(無)'를 실현해 싱가포르나 홍콩을 능가하는 '도시국가'로 변모했고, 전체적인 교육 수준도 그만큼 선진화되어 있었다.

그래도 입학 사정은 녹록지 않았다. 구보 씨는 친구의 부탁으로 입학이 가능한 국제학교를 알아보던 중 상위권 10여 개 학교는 입학 대기자가 100여 명이나 밀려 있음을 알게 되었다. 고심 끝에 중위권 학교에 들어갈 수밖에 없다고 친구에게 전했으나, 그는 차라리 입학 대기자로 있겠다고 답했다. 상위권 국제학교는 사실상 초일류 다국적 기업 취업의 보증수표나 다름없다는 생각에서 내린 결론이었다. 결국 이 친구는 명지 지구 내 상위권 국제학교에 자녀 둘을 입학시키기로 하고, 외국인들이 주로 거주하는 명지 지구 내 해변 주택지에 아파트를 마련해놓고 영구 귀국길에 오른 것이다.

동남권 신공항은 규모와 취항 항로 면에서 인천공항에 조금도 뒤지지 않았다. 공항으로 가는 차 안에서 교수 친구가 구보 씨에게 감개무량하다는 듯 말했다. "이봐. 오늘 들어오는 그 녀석 말이야. 우리 학교 다닐 때 천재로 불렸잖아. 미국에 눌러 앉을 것 같더니, 그런 친구까지 귀국하는 걸 보니 부산이 대단하긴 대단한가봐. 떠났던 인재들이 이렇게 속속 돌아오는데 도시가 잘 안 되려야 안 될 수가 있겠나? 안 그래?"

"어제도 통화했어. 돌아와서 가장 해보고 싶은 일이 뭐냐고 물었더니 50년 역사를 자랑하는 아시아 최고의 영화제인 PIFF(부산국제영화제) 개막식에 아이들과 함께 참석하는 거라더군. 그 친구 영화광이었잖아."

구보 씨가 웃으며 맞장구를 쳤다. 부산 출신인 미국 친구는 미국 내 지인들이 PIFF를 보고 돌아가서 들려준 감동적인 영화제 소식 때문에 몸이 한껏 달아 있었다.

해운대의 PIFF 행사장

울산의 한 자동차 업체에서 자동차 디자이너로 일하는 구보 씨의 아내는 이날 해운대 해수욕장 인근 리조트에서 펼쳐지는 '대한민국 정부 수립 100주년' 기념 행사 전야제에 아이들을 데리고 갔다. 울산에 사는 회사 동료의 가족도 함께 가기로 되어 있었다. 울산과 부산은 30년 전에 뚫린 해운대—울산고속도로를 통해 이미 20분 생활권으로 묶여 있다.

부산은 이제 울산과 경남 지역의 금융 · 교육 · 소비 · 문화의 중심지가 되어 서울이 조금도 부럽지 않은 도시국가로서 국제적 위상을 누리고 있다. 이날 정부 수립 100주년 전야제에서 부산 자치정부의 CEO형 수반인 부산시장은 1인당 소득 7만 달러를 10년 내 10만 달러로 끌어올리고, 경제적 자유만이 아니라 약자를 보호하고 생태와 평화의 가치를 중시하는 세계 최고의 행복도시를 만들겠다는 포부를 밝혔다.

2008년 홍콩 · 마카오 · 싱가포르, 살맛나는 도시들

2008년 3월 12일, 홍콩 중심가의 지하철. 이날 〈메트로신문〉에 실린 기사 하나가 행인들의 눈길을 모았다. '존 탕(曾俊華) 재정사장

인기 급상승.' 재정사장은 한국으로 치면 경제부총리 격인데, 그의 인기가 도널드 창 행정장관(총리 격)을 누르고 지지도가 66%까지 급등했다는 소식이었다. 존 탕 재정사장은 한 달 전 2008~2009 회계 연도 예산안을 발표하면서 대대적인 감세 환급 및 보조금 지급안을 내놓았다. 홍콩 시민들은 감세 효과 및 저소득층 현금 지원 등으로 1인당 1만 8000홍콩달러(약 220만 원)씩을 돌려받게 되었다. 지하철에서 만난 한 시민은 "파격적인 선심이다. 살맛이 난다. 탕 (재정사장)이 최고"라며 엄지를 세워 보였다.

홍콩은 2004년 이후 4년간 평균 7%에 가까운 고성장을 이뤘고, 2007년에는 예상치의 4배를 웃도는 1156억 홍콩달러(약 15조 원)의 재정 흑자를 기록했다. 향후 8년간의 인프라 투자 예산도 확보된 상태다. 넘쳐나는 재정 흑자를 어떻게 줄이느냐가 홍콩 정부의 고민이라고 코트라(KOTRA) 홍콩무역관 측은 분석했다.

중국의 특별행정구인 마카오에는 세 가지 냄새가 진동한다. '돈'과 '사람(관광객)', '건물' 냄새다. 2002년 마카오의 카지노 빗장이 열린 후 미국 라스베이거스 자본과 영국·호주·홍콩 등지에서 뭉칫돈을 가진 투자자들이 밀물처럼 몰려오고 있다. 현재 마카오에 떠도는 외국 돈만 대략 300억 달러(약 28조 2000억 원)이며, 마카오 방문객은 대폭발 수준이다. 2007년 총방문객이 1486만여 명으로, 이는 같은 기간 홍콩 방문객 2816만 명의 절반 수준이다. 마카오 방문자는 51%가 중국인, 31.6%가 홍콩인이지만, 한국인도 22만 5000명이나 되었다.

지식 집약형 경제도시를 지향하는 싱가포르는 2007년 한 해에만 일자리 17만 개를 새로 만들었다. 신개념의 주롱 산업 단지에 외국 기업을 대폭 유치한 결과다. 2008년 초 현재 실업률은 2.4%, 자발적 실업을 감안하면 이는 사실상 완전 고용을 의미한다.

2008년 부산은 왜?

　오늘날 번영을 구가하는 도시국가들(홍콩, 마카오, 두바이 등)과 부산은 무엇이 같고 무엇이 다른가? 인구로 보면 싱가포르 440만 명, 홍콩 700만 명, 마카오 52만 명, 두바이 250만 명으로 부산(361만 명)이 그다지 열세가 아니다. 항구를 낀 해양 도시라는 점과 주민들의 의식이 자유롭고 개방적이라는 점도 비슷하다. 홍콩이나 싱가포르와 마찬가지로 부산이 세계 간선 항로상의 요충지에 위치한다는 것도 닮았다.

　그러나 이들 도시와 부산은 '경제적 자유' 부분에서 결정적인 차이가 난다. 미국 헤리티지재단이 14년간 계속해서 '가장 자유로운 국가'로 홍콩을 선정한 것은 별개로 하더라도, 싱가포르와 마카오와 두바이 모두가 '투자 천국'으로 각광받고 있는 것은 사실이다. 고도의 경제적 자유가 이들 도시에 활력을 불어넣어 변화를 이끌어내고 있는 것이다.

　이와 달리 외국인들은 여전히 부산에 투자하기를 꺼린다. 세금이 높고 고용 사정이 불안한 것도 이유다. 경제자유구역에 오히려 자유가 없다는 아우성도 들린다. 그러는 사이, 부산은 항만을 끼고 있는데도 별 특징 없는 도시로 머무르게 되었다. 이를 극복하고 해결하기 위한 대안이 '도시국가 전략'이라고 전문가들은 이

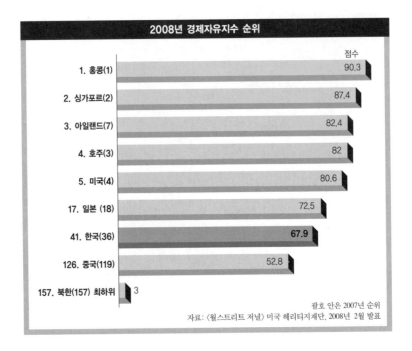

2008년 경제자유지수 순위

순위	점수
1. 홍콩(1)	90.3
2. 싱가포르(2)	87.4
3. 아일랜드(7)	82.4
4. 호주(3)	82
5. 미국(4)	80.6
17. 일본 (18)	72.5
41. 한국(36)	67.9
126. 중국(119)	52.8
157. 북한(157) 최하위	3

괄호 안은 2007년 순위
자료: 〈월스트리트 저널〉 미국 헤리티지재단, 2008년 2월 발표

야기한다.

이제 도시가 역사의 주역이다

2007년 말 대선 때 열두 명이나 되는 후보군 맨 끝에 이름을 올려놓은 이회창 후보(자유선진당 총재)는 파격적인 공약 하나를 내놓았다. "50년 앞을 내다보는 큰 틀의 국가 개조가 필요하다"고 말한 그는 "대통령이 되면 지방정부에 독립국가에 준하는 자유와 권한을 주고 도시국가처럼 세계 속에서 뛰도록 하겠다"고 목청을 돋웠다. 여러 개의 도시국가로 구성되는 '연방제 한국'을 비전으로 제시한 것이다. 이른바 '강소국형 연방제'이다. 그는 집권 기간 동안 헌법 개정도 하겠다고 강변했다. 낙선 이후 그의 공약은 한풀

꺾이고 말았지만, 분명 음미해볼 가치가 충분한 이야기이다. 50년 앞을 내다보는 국가 비전의 화두를 던졌다는 점은 그 자체만으로도 평가받아 마땅하다는 것이다. 그가 내세운 '연방제 한국'은 도시국가급의 권역 4~7개를 묶어놓은 형태로, 핵심은 도시국가다.

국가 대신 도시가 힘을 발휘하는 징후는 도처에서 감지된다. 세계 주요 연구소들은 주요 경제 지표(순위)를 도시별로 바라보고 분석한다. 유럽의 주요 도시는 오래전부터 도시국가처럼 움직이고 있다. 도시가 바로 국가경쟁력이기 때문이다.

국가별 경제 규모 대비 동남권(부울경) 위상		
순위	국가	매출액(억 달러)
1	미국	13조 2018
2	일본	4조 3401
3	독일	2조 9066
4	중국	2조 6680
5	영국	2조 3450
6	프랑스	1조 2307
7	이탈리아	1조 8447
8	캐나다	1조 2514
9	스페인	1조 2239
10	브라질	1조 679
11	러시아	9869
12	인도	9062
13	한국	8880
… 중략 …		
34	홍콩	1897
36	동남권(부울경)	1560
37	말레이시아	1488
38	칠레	1458
39	체코	1418
40	콜롬비아	1358
41	싱가포르	1321

자료: 세계은행, 한국 통계청(2007년)

양차 세계대전을 겪은 후 세계사의 격변기에서 재등장한 도시국가는 20세기의 가장 역동적인 국가 형태로 자리 잡는다. 싱가포르와 홍콩, 마카오, 두바이가 바로 그런 사례들이다. 이들 도시국가의 경제적 번영은 도시의 역할과 기능을 새롭게 보는 계기가 되었다.

21세기의 지구화·지역화·정보화는 초국가주의에 기초한 '새

로운 지역'을 만들고, 협력 및 문제해결의 주체 역시 국가가 아니
라 지방정부나 도시의 비정부기구와 기업가 등이라는 주장에 힘
을 실어주고 있다.

이러한 흐름에서 부산이 도시국가 전략을 갖고 동남권 통합경
제권으로 확대해가는 것은 지극히 자연스러운 미래 전략이 아닐
수 없다. 규모의 경제로 볼 때 부산, 울산, 경남을 합친 동남권 지
역은 2006년 말 현재 인구 770만 명으로 홍콩과 비슷하며, 지역내
총생산(GRDP) 규모가 1560억 달러에 달해 전 세계 국가별 순위로
따져도 36위에 랭크된다. 도시국가로서 독자적으로 발전할 만한
역량이 충분한 규모의 경제를 갖고 있다는 말이다.

도시국가란 무엇인가?

도시국가(City-state)는 고대와 중세에 도시 그 자체가 정치적·경제적으로 독립해 소규모의 국가 형태를 이루던 공동체를 말한다. 고대 아테네를 비롯한 옛 그리스의 여러 도시가 여기에 속했으며, 이들 도시에서는 자치가 중시되는 원시적 형태의 직접민주제가 행해졌다. 도시국가란 용어는 19세기 말 영국에서 사용되기 시작했다.

도시국가의 기원은 논란이 있지만, 부족 체제 붕괴 후 흩어진 집단들이 기원전 1000~800년경에 그리스 반도와 에게 해의 섬, 소아시아 서부 등지에 정착해 건설한 정치체가 시초였다는 견해가 우세하다. 그 후 인구가 늘어나고 상업 활동이 활발해지면서 해외에 나간 이주민들이 기원전 750~550년경에 지중해와 흑해 연안에 비슷한 도시국가들을 세웠다.

이 시기를 전후해 그리스 반도 및 에게 해 일원에는 수천 개의 도시국가가 세워졌다. 군주제에서 공화제, 심지어 공산주의에 이르기까지 정치 체제도 다양했다. 각국의 철학자들은 정치 생활의 기본 원칙들을 만들었다. 시민 의식이 발아하면서 인간 활동의 모든 분야가 전례 없이 발전해 그리스·로마 문명의 기틀이 마련되었다. 각자의 자유와 독립을 지키려는 분립주의(分立主義)는 도시국가의 자랑인 동시에 약점이었다.

11세기에 들어서면서 피렌체, 제노바, 베네치아 등 몇몇 이탈리아 도시가 상당한 부를 축적해 도시국가의 전성기를 누렸다. 이들 도시는 대부분 비잔틴 제국의 영토 안에 있거나 콘스탄티노플과 접촉해 동방 무역을 주도했다.

우리나라 역사 속에서도 도시국가의 전통을 찾을 수 있다. 서기 2~6세기 낙동강을 따라 번영한 가야의 여러 나라가 일종의 도시국가 형태를 취했다. 김해 지역 낙동강 하구 연안에 들어섰던 가락국(금관가야)은 강과 바다의 요지를 장악하여 북방의 낙랑과 대방, 남방의 왜를 잇는 중계 무역으로 부를 축적했다. 당시 가락국의 판상철부(板狀鐵斧)는 화폐로 기능했다. 느슨한 전략적 연대 속에 영역별로 자치권을 갖고 한 시대의 번영을 누렸으니 가야 제국이야말로 '한국형 도시국가'라 할 만하다.

유럽의 전통 있는 도시국가들은 시민 세력의 정치적 독립을 중시했다. 이들 도시국가는 주권을 지키기 위해 용병을 고용할 정도로 경제력을 갖추거나 아니면 모든 시민이 무기를 들고 뛰쳐나오도록 훈련시키는 엄격한 기율 국가였다. 고대와 중세라는 시공을 초월해 나타나는 도시국가의 중요한 속성은 경제 중심주의와 시민의 정치적 자유다. 이러한 속성이 상호 작용하면서 도시가 성장했고 근대적 국가로 발전했다.

21세기의 도시국가들

근대 영토국가가 후퇴한 자리에 도시(국가)가 세력을 넓힌 것은 시대적 요구로 볼 수 있다. 영토란 한 국가의 주권이 미치는 지역을 말하는데, 영해·영공과 함께 나라의 영역을 이룬다. 국가의 3요소인 영토·국민·주권 중에서도 가장 중요한 물적 토대로 간주되었다.

그런데 20세기 이후 도시가 부상하면서 영토의 시공간적 개념이 바뀌고 있다. 영토보다는 네트워크, 구심력보다는 원심력, 수직보다는 수평, 피아(彼我)보다는 연대가 더 중요한 가치 개념으로 등장한 것이다. 특히 인터넷에 기반한 도시 간·국가 간 네트워크는 도시 발전에 새로운 모멘텀을 가져다주고 있다. 세계도시로 평가받는 런던이나 뉴욕, 창조도시로 일컬어지는 암스테르담과 바르셀로나, 국제자유도시로 통하는 홍콩 등은 저마다 '도시국가'의 속성을 갖고 있다.

고대의 도시국가들이 그랬던 것처럼, 오늘날의 도시국가들도 다양한 형태로 나타나고 있는데, 이러한 다양성이야말로 현대적인 도시국가의 가장 중요한 속성이다.

싱가포르는 정치·외교·경제에서 완전한 독립공화국이다. 국가명과 수도명이 같아 자연스럽게 도시국가라는 이미지가 부각되고 있다. 영국식 내각책임제인 싱가포르는 총리가 국정을 주도하고 있으며, 국가가 강력히 통제하는 사회주의식 자본주의를 채택하고 있다.

홍콩은 중국의 특별행정구라는 외피를 걸치고 있지만, 안으로는 철저히 국제자유도시를 추구한다. 홍콩기본법은 덩샤오핑이 구상한 일국양제의 이념을 확실히 보장해주고 있다. 이에 따라 홍콩은 정치·외교·치안·사법·경제 독립을 통해 고도의 자치를 실현하고 있다. 명칭은 '중국의 홍콩'이지만, 국제사회의 일원으로서 세계무역기구에 참가하고 있으며, 올림픽에도 홍콩 깃발을 들고 출전한다.

두바이는 아라비아 반도 동부 페르시아 만 연안에 있는 회교국인 아랍에미리트연합의 토후국(土侯國)으로서 강력한 왕권을 지닌 도시국가의 형태를 취한다. 토후국이란 아랍 지역에서 중앙 집권적 국가 행정에서 독립해 부족장이 통치하는 나라를 일컫는다. 두바이를 위시해 오만, 바레인, 카타르 등이 여기에 속한다. 두바이는 왕권이 존재하면서도 세계 어느 곳보다 활달한 상상력과 강력한 리더십이 발휘되는 곳으로 유명하다.

이 밖에 프랑스에 국방권이 위임되어 있는 모나코공국, 로마 속의 독립 영토인 바티칸시국 같은 초미니 도시국가도 있다.

도시국가에 대한 학계의 일치된 정의는 아직 나타나지 않고 있다. 다만 한국형 도시국가라는

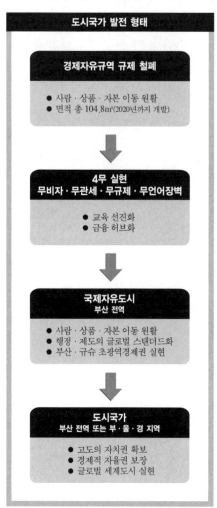

도시국가 발전 형태

경제자유규역 규제 철폐
● 사람 · 상품 · 자본 이동 원활
● 면적 총 104.8㎡(2020년까지 개발)

4무 실현
무비자 · 무관세 · 무규제 · 무언어장벽
● 교육 선진화
● 금융 허브화

국제자유도시
부산 전역
● 사람 · 상품 · 자본 이동 원활
● 행정 · 제도의 글로벌 스탠더드화
● 부산 · 규슈 초광역경제권 실현

도시국가
부산 전역 또는 부 · 울 · 경 지역
● 고도의 자치권 확보
● 경제적 자율권 보장
● 글로벌 세계도시 실현

모델을 상정하고 의미를 잡아보자면, 정치적 자치와 경제적 자율, 의식적 독립을 바탕으로 사람·상품·자본의 이동이 자유롭고, 기업 활동에 대한 최대한의 편의가 보장되는 글로벌 도시 체제 정도가 아닐까 한다. 다시 정리하면, 정치적·행정적으로 고도의 자치권이 보장되고, 경제적·사회적으로 자율성이 확보되며, 성숙한 시민 공동체(시민 자치)가 형성되는 체제이다. 경제적 관점에서는 무비자·무규제·무관세·무언어장벽 등 이른바 4무(無)가 실현되는 국제자유도시의 완결 형태로 이해할 수 있다. 국내에서는 제주특별자치도가 국제자유도시를 지향하고 있으며, 부산광역시에서도 이를 내밀하게 연구 중이다.

'도시국가 부산', 나는 이렇게 본다

신장섭(싱가포르 국립대 경제학과 교수) 신장섭 교수는 '도시국가 부산' 이라는 어젠다(Agenda)에 대해 우선 "도시 간 글로벌 경쟁이 가열되고 있는 상황에서 검토할 가치가 충분할 뿐 아니라 실현 가능성도 있다"며 이야기를 시작했다.

세계 일류 도시국가 싱가포르와 부산을 비교해달라고 하자 그는 "싱가포르 하면 먼저 떠오르는 말이 개방성과 글로벌화다. 부산도 개방성과 잠재력, 지정학적 측면에서 국내 최고라고 생각한다. 진정한 로컬화가 진정한 글로벌화"라고 대답했다.

'도시국가 부산' 이라는 말이 여전히 생소하게 들린다는 점에 대해서는 "그렇지 않다. 도시국가라는 것이 혁명적 · 정치적 개념이라기보다는 의식적 · 제도적 · 경제적 측면에 무게 중심이 실린 말 같다. 그렇다면 이미 도시가 브랜드가 되고 경쟁 격화에 따른 도시 간 양극화가 진행되고 있는 마당에 어색할 것이 없다"고 지적했다.

부산의 잠재력에 대해 그는 "세계적으로 내세울 수 있는 것도 있지 않느냐"면서 부산비엔날레와 부산국제영화제를 꼽았다. 이어 그는 "뿐만 아니라 을숙도 철새 도래지는 세계적으로 찾아보기 힘든 생태 자원이며 항만과 공항 시설, 천혜의 해안 경관, 훌륭한 전시 컨벤션 시설, 시민들의 개방성 등도 장점이라고 본다"고 말했다.

그는 부산만의 장점부터 살려나가는 자세가 무엇보다 중요하다고 강조했다. "그린벨트를 풀어 공장을 재유치한다고 과연 부산이 살 만한 도시가 될까. 인구가 조금 줄면 어떤가. 더 많은 사람이 왕래하면 되는 것 아닌가. 소비와 문화 예술이 접목된 고부가가치의 서

비스 산업을 육성해야 살기 좋은 도시가 된다. 울산·창원·거제·
양산·김해 등의 산업시설을 지원하는 동남권 연구개발(R&D) 및 교
육 허브화, 선진 금융도시 전략을 통해 부산은 이들 도시를 배후에
'거느린' 중심도시가 될 수 있다. 그것이 광역화된 '도시국가 부산'
의 모습일 것이다."

박원순(변호사, 희망제작소 상임이사) "부산 인구가 줄고 있다고는 하지만
360만 명의 거대 도시이다. 그런데 어떤 비전이
있는지는 잘 모르겠다. 비전은 다가올 미래사회
를 예측하고 통찰할 때 생긴다. 오늘이 아니라 내
일을 보고 시민사회의 다양한 의견과 지역 NGO 및 지식인들의 지
적 역량을 모아야 한다."

대한민국의 희망 엔진이자 소셜(사회) 디자이너로 불리는 '희망제작
소'의 상임이사인 박원순 변호사는 이런저런 개발을 논하기 이전에
부산의 비전부터 만들어야 한다고 말했다. 거의 모든 것이 서울에
종속되어 있는 현실에서 부산만의 비전 만들기는 도시의 미래를 결
정하는 포인트라는 것이다. "싱가포르나 홍콩을 보면 답이 나온다.
경제 비즈니스 마인드로 무장하고 작은 땅을 효율적으로 활용해 전
략적 성장을 이루고 있지 않나? 결국 하드웨어보다 소프트웨어, 즉
운영 능력이 문제다. 그런 점에서 통합적 리더십이 매우 중요하다."
박원순 변호사는 도시는 시민이 만들고 시민은 도시를 만든다고 본
다면 영국의 글래스고를 눈여겨볼 필요가 있다고 말했다.
글래스고는 영국에서 세 번째로 큰 도시이다. 21세기 들어서면서
이 도시에서는 시민에 의한, 시민을 위한 도시 비전 만들기 작업이

한창이다. 이른바 '글래스고 2020 프로젝트(www.Glasgow2020.com)'로 명명되는 것이다. 글래스고는 다양한 형태의 주민 참여 기법을 통해 주민의 창의성과 참여를 실질적으로 이끌어내고 있다. 글래스고에서는 누구나 도시의 미래 비전에 대해 자유롭게 이야기할 수 있다. 마치 이벤트처럼 그런 제안을 하는 사람들을 위한 상금과 상품도 걸려 있다. 최초 참가자 100명에게 티셔츠를 선물하고, 전문가 패널에 의해 '베스트 스토리'에 선정되면 500파운드의 상금이 주어진다. 참가자들의 글은 웹사이트에 게재되거나 지역 신문에 소개된다.

박원순 변호사는 "글래스고 사례는 e데모크라시, 직접민주주의 실천의 표본"이라면서 "부산의 미래 비전도 이런 식으로 찾아보면, 보다 다양한 시민들의 상상력과 참신한 아이디어를 만날 수 있을 것"이라고 조언했다.

INTERVIEW

부산이여, 독립을 선언하라

2

지방을 옥죄는 규제의 덫

규제(規制). 듣기만 해도 숨이 턱 막히는 이 말은 한국의 '지방'이 처한 현실을 가장 압축적으로 말해주는 단어다. 사전적 의미는 '일정한 한도를 정하거나 정한 한도를 넘지 못하게 막는' 것이지만, 현실적으로는 제약과 억압의 다른 말이다. 지역 입장에서 규제를 다른 말로 표현하자면 '자치와 분권이 제대로 이뤄지지 못한 상황'이다.

수도권도 규제를 당하기는 마찬가지라고 하지만 지방과는 체감의 내용과 강도가 다르다. 서울(수도권)의 규제가 '제약' 정도라면 지방에선 '억압'이다. 대한민국의 모든 것을 장악하고 있는 서울은 이미 도시국가와 다르지 않다.

부산이나 지방에서 자치와 자율이 보장되는 도시국가를 부르짖는 것도 실은 규제 혁파를 위한 것이다. 도시국가의 중요한 속성 중 하나가 '무규제'이기 때문이다. 바꾸어 말하면 지방의 발전을 옥죄는 규제를 획기적으로 푸는 수단이 바로 도시국가 체제라고 할 수 있다.

지방 행정은 사실상 규제와의 싸움인 것이나 마찬가지다. 그 정도로 규제의 벽은 견고하다. 중앙정부가 '법령'을 내세워 겹겹이 쳐놓은 규제의 덫에서 빠져나오기 위해 애쓰는 부산시, 지역 상공계, 부산진해경제자유구역청 등의 총력전을 보고 있노라면 전장에서 피터지게 싸우는 전투병의 모습이 연상된다.

수탈당하는 지역 도시들, 그리고 부산

도대체 얼마나 규제가 많기에 그럴 수밖에 없는 것일까. "몇 건 정도라고 계량화해서 말하기는 힘들지만, 굳이 따지자면 시 조례의 상위 법령 종류만 4만 개가 넘으니까 최소 4만 건 이상이라고 봐야지요." 부산시 한 고위 공무원이 해준 말이다.

물론 그 4만 건 이상의 규제를 모두 풀자는 것은 아니다. 국가 구성 및 운영상 필요한 규제도 있을 것이다. 부산시와 상공계 등에서는 지역 발전을 가로막는 규제를 순차적으로 풀어야 한다는 기본적인 방향을 잡고 대정부 공세를 강화하고 있다. 2008년 초 부산상공회의소가 중심이 된 지역 상공인들은 대통령직인수위원회에 서부산권의 개발제한구역 해제 및 문화재보호구역 조정 등 긴급 규제 완화 방안을 제출했다. 부족한 산업 단지 확충을 위한 요구였다. 요구안에는 현재 밤 10시부터 오전 7시까지인 비행기 이착륙 금지 시간대를 한 시간 늦춰 밤 11시까지 이착륙을 허용해 달라는 내용도 들어 있다.

부산시의회 의장을 지낸 이영 전 부산상공회의소 상근 부회장은 "부산신항의 항만·항공 물류, 철도, 고속도로 등의 육상 교통이 서로 연계해 톱니바퀴처럼 돌아가야 하는데 하루 아홉 시간씩 항공기 이착륙이 금지되어 있다. 이것이 부산의 현실"이라면서 "도시국가급의 경제적 자율성을 누리는 세계도시치고 24시간 내내 항공기 이착륙이 되지 않는 곳은 없다"고 말했다.

계란으로 바위 치기?

부산시도 규제 개혁에 안간힘을 쓰고 있다. 부산시는 2008년 초 5개 분야에 민·관 전문가 72명으로 구성된 행정 규제 개혁 태스크포스(TF) 팀을 결성했다. 이 TF 팀에서 분야별로 시급한 규제 개혁 과제를 발굴해 중앙정부에 총 104건에 대해 규제 완화를 건의했다. 중앙정부로부터 회신이 온 것은 그해 7월경이었는데, 그중 29건 정도만 '어느 정도' 수용이 가능하다는 대답이었다. 나머지는 무응답이거나 불가, 장기 검토 과제로 넘겨졌다.

그러나 부산시는 전면전이라도 벌일 태세다. 2008년 7월 조직 개편을 통해 아예 법무담당관실 내에 규제개혁팀을 신설했고, 46건의 2차 규제 개혁 과제를 추가로 발굴해 다시 건의하기로 했다. 그 가운데에는 외국인 선원 고용 제한 제도 개선, 광역 교통 개선 대책 수립 내용 및 절차 개선, 수도권 외의 지방 개발 부담금 면제 규정 마련 등의 내용이 담겨 있다.

부산시 규제개혁팀 진성호 팀장은 "1차 성과는 크지 않았지만 줄기차게 현안 과제들을 발굴해 개선을 건의할 방침이며, 다른 지자체와의 연대도 적극 모색할 것"이라고 했다. '계란으로 바위 치기'가 될지언정 포기할 수 없다는 이야기였다.

출범 4년째를 맞은 부산진해경제자유구역청도 경제자유구역을 옭아매고 있는 규제들을 풀기 위해 별도 책자까지 만들어 중앙정부 각 부처와 관련 기관에 배포하는 등 규제 개혁에 사활을 걸고 있다.

수도권 규제는 풀고, 지방 규제는 강화하고?

이영 전 부산상공회의소 부회장

각종 행정 규제보다 더 심각한 것이 재정 분야다. 지방정부와 지역사회의 자립적 발전을 저해하는 가장 큰 요인이 되고 있기 때문이다. 대표적인 실례가 국세와 지방세의 8대 2 비율이다. 지방 자치단체와 전문가들이 줄곧 개선을 요구하고 목소리를 높이는데도 중앙정부는 이 문제에 큰 관심이 없다.

이영 전 부산상공회의소 부회장은 "부산시에서 한 해 동안 발생하는 국세가 대략 3조 5000억 원에 달하지만, 교부금 등의 명목으로 되돌아오는 것은 1조 원가량이다. 이것은 그야말로 '과도한 수탈'이다. 적어도 절반 이상은 돌아와야 한다. 그래야만 지역의 다른 문제를 풀어갈 수 있다"고 말한다. 또한 부산시 공무원 B씨는 "중앙정부의 과도한 규제는 중앙이 강력한 권한을 그대로 갖고 있겠다는 뜻"이라며 "정부 공무원을 대폭 줄여 작은 정부로 가면 업무 부하 때문에 저절로 지방 분권이 되고 규제가 풀릴 것으로 본다"고 지적했다.

반면 정부는 수도권에 대해서는 오히려 규제 완화 쪽으로 가고 있다. 수도권과 지방의 상생 발전, '5+2 광역경제권' 등은 그런 노림수를 감추고 있다. 2008년 3월 경기도경제단체연합회가 펴낸 〈규제 피해 사례집〉은 "기업 투자는 시장원리대로", "지역 여건에 맞는 토지 개발", "대학의 자율성 보장", "한강의 친환경 개발" 등을 적시하며 개선을 촉구하고 있다. 그러나 획기적 지방 분권이

수도권 규제완화 철회 촉구 기자 회견, 2008년 11월 3일

전제되지 않은 상황에서 수도권 규제 완화는 지방 자원만 빨아들이게 될 것이라는 주장도 강하다.

얼마 전 OECD(경제협력개발기구)는 한국의 기업 환경이 최하위 수준이며, 경제 규제에 따른 손실이 약 48조 6000억 원에 이른다고 평가했다. 국가 GDP의 5.7%가 규제로 사라지고 있다는 분석도 나왔다. 부산발전연구원 강성권 박사는 "규제 개혁은 국가적 과제지만, 지방의 현실을 고려하지 않고 수도권 규제를 풀 경우 불균형이 심화된다"면서 "도시국가와 같은 큰 틀의 전략을 통해 각종 규제를 푼다면 국가 경쟁력 차원에서 도움이 될 것"이라고 내다보았다.

제주특별자치도의 실험에서 배우라

2008년 5월 초 제주특별자치도 제주시의 B찜질방. 20여 명의 40~50대 중국인들이 특유의 걸쭉한 입담을 자랑하며 여행의 피로를 풀고 있었다. 이런 풍경은 제주에서 낯설지 않다. 요즘 제주를 찾는 중국인 관광객이 늘고 있기 때문이다. 그 계기는 지난 2006년 7월 제주특별자치도 출범과 함께 180개 국가들에 대해 무비자 입국을 허용한 것이다. 2002년 9만 2000여 명에 불과하던 중국 관광객은 2007년 17만 6800여 명으로 두 배가량 증가했다. 특히 무비자 입국이 시행되기 전인 2005년(11만 5199명)과 비교하면 54%가량 늘었다.

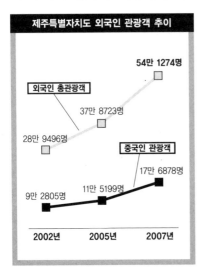

제주특별자치도 외국인 관광객 추이

외국인 총관광객
54만 1274명
37만 8723명
28만 9496명

중국인 관광객
17만 6878명
9만 2805명
11만 5199명

2002년　　2005년　　2007년

제주특별자치도가 출범한 지 1년 9개월. 성과가 미흡하다는 지적도 없지 않지만 제주는 차분하게 점진적으로 변화하고 있다. 출자총액제한제도는 이미 제주의 첨단산업기술 단지와 투자 진흥지구에서 폐지된 상태다.

대한민국 건국 이후 최고의

자치 실험이라고 불리는 제주특별자치도는 무관세·무규제·무언어장벽·무비자로 통하는 '4무'가 실현되는 국제자유도시를 목표로 한다는 점에서, '도시국가 부산'이 가야 할 길을 미리 보여주는 실례다. 현재 제주에서는 1국 2체제, '국가 내의 또 다른 국가'를 향한 논의가 활발하게 진행 중이다. 특별자치도라는 행정 시스템과 각종 전략 사업을 추진하는 정부 산하 제주국제자유도시개발센터(JDC)의 협력도 눈여겨볼 점이다.

제주특별자치도에도 고민은 있다. 재정자립도가 2008년 기준 25.9%로 전국 평균(54%)에 턱없이 못 미친다. 자치도 지원에 앞장섰던 참여정부가 퇴장하고 경쟁과 실용을 강조하는 이명박 정부가 등장한 것 또한 제주 주민들에게는 큰 환경 변화다. 제주특별자치도 양기철 특별자치과장은 "초기 추진 과정에서 시민 참여도가 다소 약했고, 중앙정부의 지원을 이끌어낼 정치력 또한 미약하다"면서 "그럼에도 우리가 갈 길은 이 길뿐"이라고 말했다.

이에 비하면 부산은 사정이 좋은 편이다. 산업·교통·물류 인프라가 갖춰져 있는 데다 계기가 있을 때마다 발휘되는 시민사회의 결집력도 강하다. 국회의원 수도 부산, 울산, 경남을 합치면 41명에 달한다. 요컨대 부산은 시민들이 똘똘 뭉쳐 '도시국가'로 가려고만 한다면 제주가 걸어간 먼 길을 좀 더 가깝게 앞당길 수 있다는 것이다.

어쨌든 2006년 7월에 출범한 제주특별자치도는 도시국가로 가는 방향을 어느 정도 보여주면서, 더디지만 한 걸음씩 1국 2체제 혹은 연방제, 도시국가로 다가서고 있다.

제주도에 불어 닥친 변화의 바람

제주국제공항에서 10여 킬로미터를 달려 도착한 제주시 아라동의 제주 첨단 과학기술 단지 조성 부지. 제주대 인근의 야트막한 구릉의 약 109만 5000㎡(약 33만 2000평)의 광활한 땅에 새로 지어진 건물이 말끔하게 단장된 채 입주 업체를 기다리고 있었다. 이곳은 지난 2006년 7월 1일 특별법 발효와 함께 대한민국 최초의 특별자치도로 출범한 '탐라'의 굴뚝 없는 첨단 IT · BT 산업 육성 비전이 꿈틀대는 현장이다.

이어 서귀포 해안 절벽 위에 건립된 제주국제컨벤션센터를 거쳐 서귀포시 예래동에 있는 74만㎡ 규모의 '제주 휴양형 주거 단지' 조성 예정지를 찾았다. 건너편으로 중문 관광 단지의 특급 호텔들이 손에 잡힐 듯 보이는 전망 좋은 바닷가였다. 이 특별한 주거 단지에는 고급 빌라형 주택은 물론이고 호텔과 상업 및 비즈니스 지원시설, 의료시설, 리조트까지 들어선다. 2007년 말레이시아의 한 기업이 제주도와 6억 달러 우선투자협정(MOU)을 맺어 사업에 탄력이 붙었다. 그곳의 사업감리단 관계자는 "아직 황량해 보이지만 올 연말 부지 조성이 마무리되고 내년부터 시설물 설치가 본격화될 것"이라며 미소 지었다. 주거 단지 조성 부지에서 건너편의 제주국제컨벤션센터를 바라보았다. 해안가에 자리 잡아 천혜의 풍광을 자랑하는 그곳은 제주특별자치도의 핵심 전략 산업 중 하나인 국제회의 중심도시 사업의 공간적 무대이다.

제주특별자치도. 지방자치법에 '특별자치도'라는 새로운 개념을 올린 제주도에는 지금 '변화와 역발상의 바람'이 강하게 불고 있다. 제주의 변화 원동력은 아무도 가지 않았던 길을 간다는 도전

서귀포시에 위치한 제주국제컨벤션센터

과 실험 정신이다. 제주 주민들의 꿈은 국방과 외교를 제외한 완전한 자치권과 자율경제 실현을 통한 '국제자유도시' 건설이다.

살아남기 위한 몸부림, '홍가포르' 프로젝트

내국인 면세쇼핑제도 도입, 입국 제한을 없앤 무비자, 1336건에 달하는 중앙정부 권한의 이양……. 제주특별자치도라는 지위는 그냥 얻어진 게 아니다. 감귤 산업 위축과 관광객 감소 등 현실적인 위기감에서 '살아남아야 한다'는 공감대가 자립·자치에 대한 염원으로 나타났고, 중앙정부에 대한 끊임없는 도전과 요구 끝에 오늘의 제주가 탄생할 수 있었다.

제주특별자치도로 가는 로드맵은 지난 1991년 공포된 제주도개발특별법에서 시작한다. 그 후 10여 년이 지나 2002년 제주국제자유도시법이 제정되었고, 2006년 제주특별자치도법 시행과 함께 대폭적인 권한 이양과 자치 경찰권이 수반되는 1도 2행정시의 특별행정구역 출범이라는 결실을 맺게 되었다. 15년간 이어진 지난한 과정이었다.

2006년 7월 출범 당시 "이제 1단계가 마무리되었을 뿐 진짜 시작은 지금부터"라며 단계적 심화 전략을 추진해 2007년 8월 특별자치도법 개정안을 이끌어냈다. 이를 통해 의료 법인의 호텔업 겸업 허용, 외국 항공사의 운항 확대 방안 마련 등 2단계 제도 개선을 관철했다. 제주는 2008년 말까지 관광 3법 일괄 이양 완료 등 중앙정부를 상대로 한 3단계 제도 개선 협상을 마무리할 계획이다.

제주는 이 같은 단계적 추진 전략을 2011년까지 완료하겠다는 목표를 정해놓고 있다. 1991년부터 홍콩과 싱가포르를 합친 일명 '홍가포르 프로젝트'로 불리며 추진된 제주특별자치도의 발전 로드맵이 20년 만에 완료되는 것이다.

제주특별자치도의 고민과 부산의 도시 비전에 대한 시사점

이명박 정부 출범 이후 제주특별자치도의 불안감이 속속 노출되고 있다. 2008년 3월 현지 지역 언론사 주최로 열린 '제주특별자치도 추진 전략 토론회'에서 제주대 양덕순(행정학) 교수는 "면세 지역화, 항공자유화, 법인세 인하 등 중요 실천 과제가 해결되지 않은 상황에서 실용주의 노선의 이명박 정부 출범은 위기일 수 있다"며 "1국가 2체제 도입이라는 목표를 세우고 면밀한 비전과 전략으로 중앙정부에 접근해야 한다"고 밝혔다. 또 제주발전연구원 김태윤 연구실장은 "중앙정부는 재정 지원이 수반되지 않는 권한만을 주려고 하고, 제주도 자치정부는 특별한 재정 지원을 받으려

과거 50년간 부산의 주요 정책 변화

	1950~1960년대	1970년대	1980년대	1990년대	2000~2020년대
시대별 이슈	한국전쟁 / 인구 100만 명 돌파 / 직항시 승격	인구 180만~300만 명 / 경부고속도로 개통 / 개발체제하 수도 설정	지하철 1호선 건설 / 경제 성장과 주택 200만 호 공급	지방자치 시대 / 지하철 2호선, / 신시가지 건설	아시안게임 개최 / APEC 개최 / 신항 개장
해양도시 변천 과정	항구도시	항구도시	항만물류도시	해양수도	해양수도
도시 발전 정책	사회 혼란기 / 피난민 정착 등 / 도시 인구의 과잉 팽창, / 무질서한 도시개발 진행	도시 성장기 / 인구 증가로 용지난에 / 도시 문제 심화, 신발 및 합판 / 신발 국가경제 주도	도시 성장기 / 국제적 항만도시 구축, / 대규모 도시 개발 사업 / 추진	도시 과도기 / 인구 정체 및 감소, / 지역경제 쇠퇴, SMART / 부산21·부산전 / 그랜드 디자인 등 수립	도시 재도약기 / 남부권 중추도시, / 동북아 문화관광 중심도시, / 세계자유무역 거점도시

자료: 부산발전연구원

제주특별자치도 추진 상황과 성과

1960~1980년대	1991년	2002년	2006년 7월 1일	2007년 8월 3일	2008년 11월	2011년
관광지 개발 본격 추진	제주도개발특별법	제주국제자유도시특별법	제주자치도특별법	제주특별자치도		
• 국제 관광지 본격 추진 / • 종합개발 계획	• 제주도를 국제 관광지로 개발하는 계획 / • 제주국제자유도시 개발센터(JDC) 설립 (정부 산하 공사 형태, 정부. / • 제주도 가교 / • 내국인 면세점 도입 (1인당 연 4회, 1회 300달러) / • 국제화를 위한 제도 개선 및 특자 환경 조성	• 새로운 제주 비전 제시 / • 제주국제자유도시 개발센터(JDC) 설립 (정부 산하 공사 형태, 정부. / • 제주도 가교 / • 내국인 면세점 도입 (1인당 연 4회, 1회 300달러) / • 국제화를 위한 제도 개선 및 특자 환경 조성	〈1단계 제도 개선〉 / • 행정 체계 개편(1도 4시군→ 1도 2행정시) / • 전국 최초 자치경찰 도입 / • 7개 특별지방행정기관 이관 / • 자치 분야 중앙 권한 1062건 이양 / • '4+1' (관광·교육·의료·청정과· 첨단산업 신설) 기반 육성	〈2단계 제도 개선〉 / • 특별자치도법 개정안 공포 / • 인구 항공사 운항 확대 / • 내국인 면세점 이용 확대 (1인당 연 6회, 1회 400달러) / • 외국인 영주권 요건 완화 / • 위조관광 호텔업 가능	〈3단계 제도 개선〉 / • 관광 3부 일괄 이양 추진 / • 한영면세 특구 전체 확대 / • 영어교육도시 기반 조성 / • 법인세율 대폭 인하(25%→12%)	국제자유도시 목표 완료

4류(무비자·무관세·무환전·무언어장벽) 실현 국제자유도시 목표

하는 등 괴리가 있다. 결국 연방주 수준의 특별자치도 지향점은 재정 계획과 함께 나와야 한다"고 문제점을 꼬집었다.

김태환 제주특별도지사는 "우리의 목표는 제주특별자치도가 아니다. 그것은 단지 무비자 · 무관세 · 무언어장벽 · 무규제 등 4무가 실현되고 사람과 상품과 자본이 자유롭게 이동함으로써 평화와 번영을 동시에 누리는 국제자유도시 건설로 가기 위한 행정적 시스템일 뿐이다"라고 말하기도 했다.

제주도는 '국제자유도시'라는 선명한 목표와 로드맵을 지니고 있었다. 반면 부산은 이제야 도시 비전에 대해 논의하는 수준이다. 하지만 '도시국가'가 결코 생소한 시스템이 아니라, 제주가 이미 실험하고 있는 틀이라는 점에서 부산이 무엇을 고민하고 어떤 선택을 해야 할지는 자명해진다.

그동안 부산은 허우대만 멀쩡하고 구호만 요란했던 건 아닌가. 발전 전략에 따른 구체적인 모멘텀이 없었던 것이다. 1970년대에 항만도시로 도시 발전 방향을 잡은 부산은 이후 1980~1990년대에는 항만물류도시 전략을, 2000년 이후에는 해양수도 전략 등을 내놓았다. 그러나 이것이 결정적인 변화를 이끌어내는 정책으로 이어지지는 못하고 있다.

그런 의미에서 차근차근 단계적으로 접근해감으로써 불가능할 것 같던 일을 현실로 만들어가는 제주특별자치도는 '도시국가 부산'이 새로운 전략을 마련하는 데 반드시 참고해야 할 사례이다. 56만 명의 탐라인(제주인)의 '특별한' 움직임을 피부로 느끼고 돌아오는 길, 김해공항 상공에서 바라본 거대 도시 부산은 여전히 잠만 자고 있는 것은 아닌가 싶어 가슴 한구석이 답답했다.

'도시국가 부산', 이렇게 구상하라

양기철(제주특별자치도 특별자치과장) "부산은 인구·산업 구조·교통·교육·환경 등이 상대적으로 양호하기 때문에 제주가 겪은 시행 착오들을 되풀이하지 않는 치밀한 전략을 수립해 큰 성과를 내기 바란다." 제주특별자치도에만 있는 독특한 부서인 특별자치과를 맡고 있는 양기철 과장(지방행정 서기관)과 인터뷰를 했다. 제주가 고향이기도 한 양 과장은 '도시국가 부산'이라는 어젠다에 대해 다소 의외라는 반응을 보이면서도 덕담을 아끼지 않았다.

제주특별자치도 출범 이후의 성과에 대한 질문에, "양적인 잣대로만 성과를 언급하는 것은 성급하다. 여기까지 오는 데 무려 15년이 걸렸다. 추가 규제 완화 노력 등 여전히 '제주 100년 대계'를 위한 과정의 연속선상에 있다"고 답변했다. 양 과장은 "2006년까지는 행정 주도적 분위기여서 다소 미온적이었던 도민들이 한미 FTA 협상 등을 계기로 최근 '이 길만이 다함께 살 수 있는 유일한 길'이라는 인식을 하고 있다. 도민들의 의식 변화는 국가 내의 또 다른 국가, 연방주 수준의 고도로 자치화된 '국제자유도시 제주'의 비전을 이룰 수 있다는 희망이 된다"고 도민 의식의 변화를 설명했다. 아울러 "제주는 규제 완화와 해당 지역의 특성에 맞는 산업 육성을 통한 국제자유도시 건설, 권한 이양을 통한 지방 자치의 완성이라는 두 가지 실험을 하고 있는 곳"이라고 자평하면서도, "물론 이것은 지역의 목소리가 중앙정부를 설득해낸 결과다. 이제는 국내 최초라는 우월적 지위에 기대기보다 진정한 자치 경영 능력을 길러야 할 때"라고 강조했다. 마지막으로 '도시국가 부산'에 대한 느낌을 말해달라는 요청에 "처음 들었지만 국내외 도시들의 생존 경쟁이 어느 때보다 치열해지고 있는 추세를 감안할 때 놀랍지는 않은 이야기다. 중요한 것은 명칭이 아니라 하나라도 성과를 내는 것이다. 특히 민·관이 힘과 지혜를 모아 한목소리를 낼 필요가 있다"고 조언했다.

중앙의 예속에서 벗어나라

하계열(부산진구청장, 부산시 구청장군수협의회장)　지금과 같은 중앙 중심의 시스템 속에서 도시국가로서의 부산을 과연 언급할 수 있을지에 대한 회의론이 더 많은 것이 현실이다. 사회 일각에서 도시국가가 되려면 지방 자치와 분권 과제부터 풀어야 한다고 목청을 높이고 있으나 중앙과 정치권은 귀담아듣지 않는 것 같다.

부산은 국내 제2의 도시인가? 오랫동안 세뇌 아닌 세뇌를 받은 까닭에 아니라고 부인하는 사람은 많지 않을 것이다. 현실은 어떠한가. 제2의 도시라고 하기에는 너무 나약하고 역동성도 떨어진다. 중앙 주도의 국토 계획이 낳은 산물이 아닐까 하는 의구심마저 들 정도로 다른 광역시보다 뒤처지고 있는 현실이다.

부산시에서 '동북아 물류 허브' 같은 항만물류금융 전략과 비전을 제시하고는 있으나 이를 뒷받침할 국가 차원의 지원은 묘연하다. 그렇다면 이는 부산만의 잔치요 부산만의 비전에 머물 수밖에 없다.

이명박 정부 출범과 함께 '5+2 광역 경제권'을 골자로 하는 지역

발전 정책 시나리오가 나오고 있으나, 부산이 이 혜택을 받을지는 알 수 없다. 뜬구름 같은 정책이 현실화되기까지는 많은 산고가 기다리고 있을 것이다.

이러한 현실적 고뇌를 확실히 떨쳐버리고 부산만의 색깔, 부산의 비전을 실현해나가려면 자생력 및 자율성을 보장받기 위한 중앙 집권적 방식의 탈피가 시급하다. 그렇게 되어야 도시국가로 나아갈 수 있다.

2008년 7월 21일 부산분권회관에서 열린 2008년 지방 분권 개헌 토론회에서 '지방 분권 없는 지방자치는 없다'라는 공론을 모으게 된 것도 결론적으로 지방의 발전 없이는 국가의 발전도 없다는 위기감을 반영한 것이라고 볼 수 있을 것이다.

본격적인 지방자치가 시작된 지 10여 년이 지나고 있으나, 우리 지방자치의 현실은 아직 미완의 자치, 반쪽짜리 자치에 머물러 있다고들 한다. 사회 · 경제 등 모든 분야에서 수도권 집중이 심화되었고, 반대로 지방은 정치 · 경제 · 문화 등 사회 전반에 걸쳐 침체가 계속되고 있다. 풀뿌리 민주주의 달성을 위한 첫걸음인 지방 재정은 중앙에 예속되어 세원 없는 지방 자치로 전락하고 있다. 중앙정부의 과도한 규제 때문이다.

부산이 도시국가로 발전하기 위해서는 중앙에 예속되지 않는 도시 체제를 가져가야 한다. 중앙 집권적인 법 · 제도의 한계를 빨리 벗어던져야 한다는 말이다. 현실적으로는 정당공천제 폐지, 국세와 지방세의 합리적 조정을 통한 지방 재정 확충, 주민 중심의 분권형 교육, 도시 계획의 자율성 확보, 중앙정부 기능 개편과 특별지방행정기관의 시 · 도 이관 등이 하루 빨리 이뤄져야 한다.

지역사회 비전과 이슈를 중심으로 유능한 지역 일꾼을 뽑아야 할 지방선거가 당초 취지와는 달리, 중앙 정당의 대리전으로 변질되고 있다. 지방 문제에 대한 접근이 지방의 관점에서 이뤄지지 못하고 전국적 이해관계에 따라 결정됨으로써 지방자치가 중앙정치에 예속되는 폐단을 낳고 있는 것이다. 중앙정치가 지방정치의 발목을 잡고 있는 상황에서 지역적인 특색을 찾고 가꾸려는 노력이 무슨 의미가 있겠는가. 중앙정치의 예속에서 벗어나는 정치 독립이 곧 미래를 밝히는 차별화된 도시를 가꾸는 지름길이 될 것이다.

특히 개별 도시 계획의 무력화 방지를 위해 국토 계획 관련 법을 개정해 중앙정부에 의한 일방적·획일적 통제를 최소화하고, 지역적 특수성과 여건 변화를 적절히 반영할 수 있도록 지방정부의 도시 계획 입안 및 결정 기능이 확대되어야 한다. 그래야만 독창적이고 자기 정체성을 갖는 도시로 변모할 수 있다.

부산이 도시국가로 거듭나는 일은 행정 관청이나 공무원들의 노력만으로는 한계가 있는 만큼 시민 전체의 여망을 모아 목소리를 높여나가야 한다. 학계와 시민단체, 언론이 삼위일체가 되어 노력할 때 비로소 부산만의 특색이 살아 숨 쉬는 창조적 도시가 가능해질 것이다.

OPINION

도시국가 부산의 전진 기지,
경제자유구역

"부산의 경쟁 상대는 두바이다. 제2도시의 허울을 벗고 글로벌 도시를 만들겠다." 허남식 부산시장의 말이다. "인천을 동북아 비즈니스 중심지, 세계 10대 명품 도시로 발전시키겠다." 안상수 인천시장의 말이다.

이것이 부산과 인천의 도시 발전 전략의 핵심이다. 다소 표현의 차이는 있지만, 도시를 새롭게 바꾸려는 강한 의지가 읽힌다. 이 전략이 싹을 틔워 꽃을 피울 수 있는 거점은 경제자유구역(FEZ)이다. 2003년 인천과 '부산·진해'에 지정된 경제자유구역은 초기의 시행착오를 겪고 있기는 하지만 대한민국 경제의 신성장 동력이라는 데에는 이견이 거의 없다. 경제 활동의 자유를 보장하고 주거·교육 기능을 갖춘 도시를 결합해 글로벌 비즈니스 공간을 만드는 것이 경제자유구역의 취지이다. 잘만 운영하면 그 자체로 작은 도시국가 형태가 된다. 경제자유구역을 새롭게 봐야 할 이유가 여기에 있다.

인천과 부산의 '경제자유구역' 비교

인천시 송도동의 갯벌타워 21층. 2005년까지만 해도 바다였던 이곳에 인천경제자유구역(IFEZ) 홍보관이 있다. 세계의 비즈니스

인천의 송도국제도시

를 이끄는 첨단지식도시 송도, 세계와 아시아가 만나는 물류의 랜드마크 영종도, 국제적 금융·레저도시 청라……. 구도심을 둘러싸는 송도·영종·청라 3개의 지구를 트라이앵글로 연결, 향후 동북아의 경제 중심지로 만든다는 게 인천의 원대한 전략이다.

인천경제자유구역은 여의도 면적의 70배, 싱가포르의 약 3분의 1 크기인 209.4km²(6336만 평)로, 3개 지구가 유기적으로 연결되어 있다. 면적이 부산·진해경제자유구역의 두 배다. '부산·진해'는 그린벨트가 많아 개발 가능지가 전체 면적(104.8km²)의 36%에 불과하지만 인천은 100% 개발이 가능하다.

인천경제자유구역과 부산·진해경제자유구역을 전체적으로 비교해보면 상당한 차이가 드러난다. 지금까지 투입된 국비 지원액(사업비)은 인천이 3240억 원, 부산·진해가 1278억 원이다. 구역청의 직원은 인천이 337명, 부산·진해가 156명으로 거의 모든 부분에서 인천이 부산의 두 배 이상이다.

1994년부터 추진되어온 송도국제도시는 2002년 3월 포스코건설과 미국 게일 사의 합작회사가 사업에 속도를 내고 있는데, 이른바 '한국의 맨해튼'을 목표로 하고 있다. 영종도는 물류 · 상업 · 유통 등 복합 기능을 갖춘 항공물류도시로 확대 개발되고 있고, 청라 지구는 국제 관광 단지와 금융 허브로 조성되고 있다. 2009년 송도국제도시에서 열릴 세계도시엑스포와 2014년 인천아시안게임은 인천 도약의 새로운 기회다.

이에 반해 부산 · 진해는 신항 외에는 이렇다 할 프로젝트가 드러나지 않고 있다. 명지국제신도시는 2008년 10월경에 실시 계획 승인을 신청했으나, 중심부에 위치한 예비지 2㎢의 그린벨트를 어떻게 푸느냐가 숙제로 떠올랐다. 경남도가 신항만 진해 웅동 지구 준설토 투기장에 추진 중인 여가 및 휴양 시설도 양해각서만 체결되어 있을 뿐 외국인의 실제 투자는 전혀 이뤄지지 않고 있다.

신라대 경제학과의 김대래 교수는 "여러 측면에서 인천이 유리하다고 봅니다. 부산 · 진해와 세를 비교하면 8대 2 정도 될 거예요. 외국의 큰손들이 저쪽으로 가고 있잖아요. 게다가 부산 · 진해는 단지 너머에 산이 있어서 유기적으로 연결되지 않고 항만 배후지 확보도 아직 과제"라면서 부산 · 진해만의 창조적인 콘텐츠와 차별화가 필요하다고 지적했다.

외국인 투자의 허와 실

경제자유구역에서 가장 중요한 외국인 투자도 아직 미미하다. 12개 업체가 입주해 생산 활동을 하고 있는 부산 강서구 지사 과

부산의 지사 과학 단지

학 단지 내 외국인 투자 지역(29만 2543㎡)은 '외국인 투자의 실상'을 엿볼 수 있는 현장이다.

"교통이 엄청 불편해요. 부산 사하구 하단동에서 한 시간 간격으로 운행하는 마을버스가 전부죠. 목욕탕은 아예 없고 음식점도 찾기 힘들어서 회식을 하려 해도 먼 곳까지 나가야 해요. 게다가 학교가 있나요, 외국인 주거 단지가 있나요. 대부분 멀리 살다 보니 출퇴근에만 거의 세 시간씩 걸려요." 지사 외국인 투자 지역에 입주한 업체 관계자의 말이다.

그나마 외국인 투자 업체에 대한 인센티브 덕택에 지난 2006년 이후 2년간 매출 누계는 679억 원, 수출은 3600만 달러로 그런대로 호조다. 부산 · 진해경제자유구역청은 화전 · 미음 · 남양 · 남문 지구에 외국인 투자 지역 확대를 추진하고 있다. 구역청 관계자는 "대부분 합작인 탓에 근무 중인 외국인은 현재 20~30명 정도로 미미하다"면서 "명지에 국제신도시가 들어서면 정주 환경이 획기적으로 달라질 것"이라고 밝혔다.

경제자유구역에 대한 외국인 투자는 전반적으로 저조하다. 국회 예산처의 보고에 따르면 2003년 8월 이후 2008년 상반기까지 인천경제자유구역의 외국인 투자 총액은 89억 7200만 달러였고, 이 가운데 국내에 유입된 외국인 직접 투자 금액은 2억 9900달러였다. 유형별로 보면 건설개발 회사가 많다.

2008년 초까지 부산·진해의 외국인 투자 유치 건수는 42건으로, 금액은 46억 달러이다. 이 가운데 외국인 직접 투자는 15억 달러에 그친다. 구체적으로 살펴보면, 첨단 산업 분야가 16건(10.1억 달러, 22%)에 머물고, 대부분은 항만 물류(21건)와 신항만 건설(2건) 관련 분야이다. 의료, 교육, 컨벤션센터 등에 대한 외국의 투자는 아직 없다.

도시국가의 터전이 될 경제자유구역 시스템

경제자유구역은 2007년 말 경기·충남과 대구·경북, 전북 등 세 곳이 추가 지정되어 전국적으로 여섯 곳이 되었다. 이는 곧 선택과 집중이 어려운 상황임을 말해준다. 그럼에도, 경제자유구역의 활성화는 이명박 정부에서도 여전히 중요한 과제다. 21세기 신성장동력으로 이만 한 시스템이 없기 때문이다. '맨 땅에 헤딩한' 지난 4년이 무에서 유를 창조한 과정이었다면, 이제야말로 지역별 창조적 '특구 전략' 으로 승부할 때라고 전문가들은 지적한다. 경제자유구역 시스템이 성공하면 자연스럽게 부산 전체가 도시국가로 확대될 수 있다.

경제자유구역 현황 비교

구분	부산·진해	인천	광양만권
조직	청장, 2본부, 3부·3실, 1관·8과, 1옴부즈만	청장, 1실, 3국, 1본부, 11과, 4팀	청장, 2본부, 6부, 8과, 9팀, 1지소
정원	156명	337명	159명
기구 형태	자치단체조합	직속기관	자치단체조합
위치	부산 강서구 및 경남 진해시 일원	송도, 영종, 청라 일원	전남 여수·순천·광양시 및 경남 하동군 일원
개발 기간	1단계: 2006년까지 2단계: 2010년까지 3단계: 2020년까지	1단계: 2008년까지 2단계: 2020년까지	1단계: 2010년까지 2단계: 2015년까지 3단계: 2020년까지
면적	104.8㎢(3,171만 평) 개발 가능: 38.4㎢(36%)	209㎢(6,333만 평) 개발 가능: 100%	90.38㎢(2,733만 평) 개발 가능: 65㎢(71%)
G/B면적	26.18㎢(총면적의 24%)	없음	없음
외국인 투자액 (계약+Mou)	46억 달러	89억 7200만 달러	28억 7700만 달러
총사업비	8조 4,406억 원	14조 3,689억 원	9조 5,087억 원
연도별 국비 지원 (사업비)	2004년: 40억 원 2005년: 316억 원 2006년: 410억 원 2007년: 512억 원 계 1,278억 원	2004년: 169억 원 2005년: 707억 원 2006년: 1332억 원 2007년: 1032억 원 계 3,240억 원	2004년: 30억 원 2005년: 127억 원 2006년: 315억 원 2007년: 315억 원 계 787억 원
개발 사업자	부산광역시, 경상남도	인천광역시	전라남도, 경상남도
개청	2004. 3. 30	2003. 10. 15	2004. 3. 24

2008년 2월 말 기준

　　중국의 1호 경제 특구인 선전(深細)을 보면 '특구'의 위력을 실감하게 된다. 1970년대 중반 인구 3만 명의 한적한 농어촌이던 선전은 덩샤오핑의 개혁개방 정책에 힘입어 현재 인구 861만 명, 연평균 28%의 성장률을 기록하는 첨단 대도시로 성장했다. 시스템과 비전이 상전벽해를 만든 것이다.

　　부산·진해경제자유구역은 자체 비전(미래상)으로 다음과 같은 세 가지를 제시하고 있다. 첫째, 동남권의 경제 중심. 둘째, 세계 최고의 물류·비즈니스 중심 도시. 셋째, 자연 친화적인 국제신도시 형성. 이는 도시국가로 나아가는 길이기도 하다. 여러 가지 한계와 과제는 있지만 가지 않으면 안 될 길인 것이다. 김대래 교수는 "부산은 수도권(인천)과의 연계가 거의 없어 독자 경제권을 형성할 수밖에 없다"면서 "경제자유구역을 중심으로 지역 특성을 살려 태평양을 보고 나간다면 새로운 활로를 열어갈 수 있을 것"이라고 말했다.

경제자유구역과 도시국가의 꿈

김문희(부산·진해경제자유구역청장) "경제자유구역에서 도시국가의 꿈을 키울 수가 있어요. 세계 최고의 첨단 물류·산업 도시가 만들어지면 그게 곧 도시국가처럼 경제적 자유가 보장되는 단계로 들어서니까요. 그러자면 무엇보다 영어가 돼야 해요. 말이 통하지 않고는 비즈니스 환경이 조성되질 않아요." 부산·진해경제자유구역청의 김문희 청장은 부산이 세계도시가 되려면 무엇보다 영어가 소통되어야 한다고 말했다. "부산은 현재 영어 인프라가 거의 안 되어 있습니다. GNI 4만 달러가 되려면 영어가 필수라고 봐요. 우리 구역청부터 영어를 하려고 합니다. 그 일환으로 콘테스트와 스피치 대회를 하고 있어요. 2008년 9월부터는 구역청의 간부 회의를 영어로 해보려고 해요." 김 청장은 명지 지구에 건설되는 국제신도시를 주목해달라고 주문했다. "아직은 밑그림을 그려놓은 수준이지만, 그곳이 바로 도시국가 부산의 중추가 될 수 있다고 봐요. 한국토지공사가 시행을 맡아 2012년까지 2조 1200억 원을 투입해 국제 업무 및 금융·보험, R&D 연구센터 등의 비즈니스 단지와 1만 8700가구 규모의 주거 단지를 만들게 됩니다. 첨단 산업과 도시가 결합된 신개념의 도시지요."

김 청장은 당장은 경제자유구역에 주렁주렁 달린 규제를 푸는 게 급선무라면서 곧 개발에 장애가 되는 규제 40개를 골라 정부 당국에 완화를 건의하려 한다고 전했다. 그는 "부산·진해경제자유구역은 유라시아와 태평양을 잇는 동북아의 신관문으로서 세계 최고의 첨단 물류·산업도시로 성장할 수 있는 곳"이라며 "경제자유구역에

서 우선 무비자 · 무관세 · 무규제 · 무언어장벽 등을 하나하나 해결

해나가면 도시국가가 불가능한 것도 아니다"라고 말했다.

INTERVIEW

왜 '도시국가론'이 필요한가?

　　부산 지역 지식사회의 리더 격인 대학 총장들은 '도시국가 부산'이라는 지역 발전 어젠다에 대해 전폭적인 지지 의사를 나타냈다. 국제신문이 부산권의 11개 4년제 대학 총장들을 대상으로 '도시국가 부산'과 관련한 의견 조사를 실시한 결과 전체의 73%인 8명이 '적극 찬성'을, 27%인 3명은 '대체로 찬성' 의사를 밝혔고 '반대 또는 모르겠다'는 의견은 한 명도 없었다.

　　부산의 도시국가론에 대한 전문가의 분석과 견해를 들어보자.

수도권을 견제할 강력한 모멘텀

　　"이제 부산도 '노(No)!'라고 할 수 있어야 합니다. 언제까지 제조업에 매달려 아파트만 짓고 있을 겁니까. 도시국가가 살길이에요. 부산은 조건이 얼마나 좋습니까. 항만에다 산과 강, 풍부한 인적자원, 제조업 기반까지 두루 갖추고 있잖아요. 세계 여러 도시를 돌아다녀봐도 솔직히 부산만큼 해안선이 아름다운 곳이 없어요."

　　협상 컨설턴트인 부산대 경제학과의 김기홍 교수는 부산의 '도시국가론'에 불을 댕긴 주역이기도 하다. 〈국제신문〉에 '전략과 비전'이라는 기획 시리즈를 장기 연재해 호응을 얻은 바 있는 그는 부산이 왜 도시국가를 지향해야 하는지를 이렇게 설명했다.

"수도권(서울)의 대척점에 동남권이 있습니다. 아무도 부인하지 않아요. 그런데 동남권이 대척점이 되고 있습니까? 수도권은 이미 거대한 도시국가처럼 되어 있어요. 대기업, 금융, 교육, 미디어 등 없는 게 없잖아요. 선진국 치고 제2도시를 키우지 않는 나라는 없어요. 상하이, 오사카, 로스앤젤레스, 바르셀로나가 그런 도시들이지요. 수도권의 진정한 대척점이 되려면 동남권이 제 목소리를 갖고 먼저 요구해야 합니다. 그러자면 강력한 변화의 모멘텀이 필요한데 그게 도시국가지요."

김 교수는 얼마 전 '부산이여 독립하자!'라는 제목의 칼럼을 쓴 적이 있다고 말하면서 "중요한 것은 역발상이다. 예컨대 세계적 부호를 끌어들이기 위해선 해안 한 자락도 떼줄 수 있어야 한다"고 말했다. 그는 "각종 선거가 부산 대개조 논의의 계기가 되어야 하며 지식사회가 이를 적극 논의할 필요가 있다"고 강조했다.

지역 발전을 위한 새로운 패러다임

부산발전연구원의 김형균 선임 연구위원은 "이명박 정부가 강조하는 키워드가 실용과 자율, 경쟁, 광역 등이라고 보면, 도시국가라는 어젠다는 참여정부의 분권에 대응하는 새로운 지역 발전 패러다임이 될 수 있다"고 주장했다.

"노무현 정부는 분권과 분산(균형발전), 혁신을 화두로 삼았는데, 결과적으로는 분산만 진척됐을 뿐 분권은 성과가 적다. 분권의 과제가 서울에 대한 지방의 문제였다면, 새 정부는 도시 내부의 효율과 경쟁력을 화두로 던져놓고 있다. 새 정부가 추구하는 것이 경쟁에 바탕을 둔 지역(또는 도시)의 내발적(內發的) 완결성이라고 보면 바로 도시국가가 이에 부합하는 개념이다. 여기에 지역적으로 '광역화', 국제적으로 '글로벌화'를 결합하면 우리가 원하는 그림이 그려진다. 도시국가론이 지식사회에서 실종된 지역 발전 담론을 촉발하는 계기가 될 수도 있다."

김 연구위원은 "도시국가의 실체와 성립 요건, 운영 체제, 그리고 우리가 도달해야 할 목표 등에 대해선 여러 가지 논의가 있을 수 있다"면서 "지역의 역량을 결집해 새로운 도시 발전 어젠다로서 도시국가론을 잘 다듬으면 국가 정책화도 가능할 것으로 본다"고 말했다.

자유도시냐, 도시국가냐

부산대 국제전문대학원의 이철호 교수는 보다 현실적인 접근을 주문한다. "우리나라는 강한 중앙 집권 체제여서 구조적으로 '자치'에 대한 공부가 안 돼 있습니다. 그래서 연방제를 염두에 둔 완전한 자치권 확보를 거론하면 낯설어요. 실제로 도달하기도 쉽지 않을 테고요. 부울경(부산-울산-경남) 통합 논의만 해도 얼마나 어렵습니까. 처음이기 때문에 실험을 해나가며 진행해야 하는 문제가 있는 겁니다."

이 교수는 다가설 수 있는 도시국가로 발전하기 위한 3단계를 제시했다. 그 1단계는 기업하기 좋은 도시 만들기, 즉 규제를 혁파하는 것이고, 2단계는 제주도 같은 국제자유도시 형태로 가는 것이며, 3단계는 도시국가(연방제 또는 1국 2체제)로 이행해나가는 것이다. 그는 "우리가 찾는 모델은 아마 2단계와 3단계 사이의 어떤 시스템일 것"이라고 조심스럽게 분석했다. 그는 "부산의 도시국가

논의가 지역 발전에 대한 새로운 담론 형성과 지향점을 찾는 계기
가 되었으면 좋겠다"고 말했다. 지역의 지식인들이 나서서 생산적
인 논쟁의 불을 댕겨야 한다는 주문이었다.

글로벌 도시국가, 부산의 꿈

"부산을 경쟁력 있는 글로벌 도시국가로 만들고 싶다."

허남식 부산시장은 〈국제신문〉과의 특별 인터뷰에서 시종 강한
어조로 부산의 변화 필요성을 역설했다. 인터뷰는 2008년 4월 14
일 오전 부산시청 집무실에서 한 시간 동안 진행되었다.

부산의 새로운 비전으로 제시한 '도시국가 어젠다'에 대해 허
시장은 "신선하고 시의적절한 어젠다 제기"라며 부산시 차원의
정책 수단을 강구하겠다고 밝혔다.

먼저 "20~30년 후에 부산이 뭘 먹고살 것이냐"는 질문을 던졌
다. 그는 "두고 보십시오. 그때는 싱가포르, 홍콩을 능가하는 도시
국가급의 동북아 해양물류 중심도시로 우뚝 선 부산이 대한민국
을 먹여 살리고 있을 것입니다"라고 대답했다. 부산시민이 먹고사
는 것은 기본이고, 더 나아가 한국 전체를 먹여 살리겠다니….

거침없이 이야기하는 허 시장의 눈에서 순간 '불꽃'이 일었다.
부산을 살리고 한국을 살리겠다는 의지 표명은 흔히 듣는 '정치적
수사'일 수도 있다. 그러나 '도시국가 부산'이라는 어젠다를 놓고
만난 허 시장은 평소와는 다른 모습이었다. 그의 한마디 한마디와
표정에서는 당장이라도 '도시국가 부산 선언'이라도 할 것 같은
결연한 의지가 읽혔다. 중앙정부에 집중된 권한의 미진한 지방 이
양에 대한 강한 불만도 비쳤다. 흔히 부산에서 허 시장을 일컬어

'외유내강형의 리더'라고 하지만 그날만은 '외강내강형'의 면모였다고 할까.

허 시장은 부산의 현재 상태, 즉 '도시 건강 상태'를 어떻게 체크하고 있을까. "부산은 지금 위기인가, 기회인가?"라고 물어보았다. 이에 대해 허 시장은 "세계 경제의 블록화, 수도권 집중 가속화, 용지 부족으로 인한 기업 유치 애로 등이 부산이 겪는 안팎의 위기"라고 진단하면서 "이미 도시 간 글로벌 경쟁이 가속화되고 있기 때문에 도시 스스로 경쟁력을 갖추지 못하면 낙오된다. 이 역시 일종의 위기다"라고 말했다.

그러나 그는 "부산은 대륙횡단철도의 기종점, 인구 800만 명의 동남경제권의 중추관리도시, 세계 5위 컨테이너 항만과 수려한 해안 경관 자원을 보유한 해륙 관문 도시로서 동북아 경제와 물류 흐름의 중심지에 위치해 있다"며 지나친 위기론은 경계했다.

그러면서 허 시장은 글로벌 도시로 나아가는 최고의 우군과 잠재력을 꼽으라면 '시민'일 것이라고 답했다. "부산시민은 개항 이래 매우 역동적이고 개방적이며 대외 지향적 성향을 보인 사람들이다. 한마디로 '오픈 마인드'를 가진 열린 도시의 시민이다. 이는 글로벌 시대에 요구되는 필수 덕목이다. 숱한 위기를 도약과 발전의 기회로 만들어온 부산 사람 특유의 도전과 열정도 숨 쉬고 있다."

'시장이 생각하는 부산의 비전'에 대해 묻자 "글로벌 경쟁력을 갖춘 국제자유도시다. 해양수도, 해양특별시, 동북아물류중심도시 등이 다 그러한 맥락"이라고 대답했다. 그런데 뭔가 부족하고 무미건조한 면이 있다. 그래서 다시 물었다. "좀 더 손에 잡히게 이야기할 수 없느냐?" 하고. 허 시장은 "최종 목표는 결국 시민이 만족하는 행복도시를 만드는 것 아니겠느냐"면서 "도시국가나 국제자유도시 등이 바로 그러한 방향으로 가는 정책적·제도적 목표가 될 수 있을 것"이라고 말했다.

그렇다면 현실적으로 무엇이 가장 풀기 어려운 숙제일까. 이 대목에서 허 시장은 다시 단호한 목소리로 "광역시장의 권한이 별로 없다. 경영 능력을 발휘할 수 있는 중요한 권한들을 중앙정부가 틀어쥐고 내놓기를 꺼리고 있는 것이 가장 문제"라고 했다. 변명처럼 들렸다. 그래서 예를 들어달라고 요구했다. 허 시장은 "토지이용권 하나를 보자. 시장이 지역 내에 공단 하나 제대로 만들지 못한다. 중앙정부의 권한이기 때문이다. 입법권, 조세권도 없지 않느냐"라고 항변했다. 허 시장은 여기서 목소리를 높였다. "부산은 우수한 대학과 공무원, 시민들과 함께 하나의 도시국가로 성장할 만한 자급자족적 산업 경제 능력과 여건을 갖추고 있다. 중앙정부가 권한만 주면 무엇이든 해낼 자신이 있다. 우리의 경쟁 상대인 싱가포르, 두바이, 홍콩은 모두 항만을 갖췄다는 면에서 부산과 비슷하지만, 결정적으로 그들은 국가이고 우리는 권한 없는 지방정부라는 차이가 있다. 손발을 묶어놓고 어떻게 경쟁을 하나? 정상적인 경쟁이 안 된다. 전권이 주어진다면 부산을 세계 5대 명품도시로 만들 자신이 있다." 그는 "국가는 부모가 자식을 보호해야 한다는 식의 구시대적 '보호적 양육주의'에서 벗어나 과감하게 규제를 풀고 지방자치단체에 대폭적으로 권한을 이양해 스스로 글로벌 경쟁 체제에서 생존할 수 있게 도와줘야 한다"고 주장했다.

허 시장은 〈국제신문〉이 제안한 '도시국가 부산' 전략에 대해 "무비자·무과세·무규제와 함께 고도의 자치권이 보장되고 자유로운 의사소통, 나아가 선진 교육 문화 시스템 등이 뒷받침된 도시로 이해한다"며 "우리 시의 전략과 크게 다르지 않으며 상당 부분 공감한다"고 말했다. 그는 또 "이를 위해선 법적·제도적 장치가 마련되어야 하며, 시민적 공감대는 물론 광역경제권과 연계된 구체적 전략들이 수립되어야 할 것"이라고 지적했다.

허 시장은 도시국가 혹은 국제자유도시는 부산의 비전이자 꿈이 될 수 있다고 강조했다. 그는 "최근 제주특별자치도의 전략을 짜고 이끌어온 외부 전문가를 부산발전연구원장으로 초빙한 것도 이 같은 맥락으로 이해해달라"고 설명했다. 이와 관련, 부산발전연구원은 '해양중심도시 조성 특별법안' 초안 마련을 위한 용역을 진행 중이어서 주목된다. 이 법안은 무비자·무과세·무규제, 즉 3무 실현을 추구하는 국제자유도시를 지향하는 내용을 담고 있다. 허 시장은 "국제자유도시는 곧 도시국가로 나아간다는 의미이다"라면서 "법안의 초안이 나오는 대로 시민사회의 여론을 폭넓게 수렴해 국회 법안 상정 시엔 '글로벌 도시국가 선언'도 검토해볼 생각"이라고 밝혔다. 그는 정치적으로 다소 민감하게 와 닿을 수 있는 '도시국가'라는 용어까지 쓰면서 도시의 자주적 국제경쟁력을 거듭 강조했다.

인터뷰를 마무리하며 허 시장은 "부산은 지금 용틀임을 하고 있다. 꿈과 희망을 갖고 노력하면 20~30년 후 부산은 뉴욕, 파리, 런던, 홍콩 못지않은 '글로벌 도시국가'가 될 수 있을 것"이라며 "시장과 시민이 함께 힘을 합치자"고 강한 어조로 말했다.

부산의 도시 비전은 '21세기 동북아 시대의 해양수도'다. 부산 발전의 키워드를 '해양'으로 잡고 정책 방향을 맞춘 것은 좋았다. 해양(港灣)은 부산의 '블루오션'이자 구슬이기 때문이다. '해양'이라는 구슬을 어떻게 꿸 것인가. 부산시가 선택한 전략은 '해양수도' 또는 '해양특별시' 지정이었다.

그러나 2007년 2월 한나라당 유기준 의원이 대표 발의한 '해양특별자치시 설치 및 발전 등에 관한 특별법안'은 벽에 부딪혔다. 정부가 다른 지자체와의 형평성 등을 이유로 반대하고 나섰기 때문이다. 국회에 계류 중인 이 법안은 2008년 5월 말까지 처리되지 않으면 자동 폐기된다.

이에 대한 행정안전부 자치분권제도과의 입장은 이랬다. "해양특별자치시는 새로운 형태의 지자체를 만드는 것으로 기존 지자체 체계를 혼란스럽게 만들 수 있다. 부산이 해양특별시가 되면 인천과 울산, 광양도 똑같이 요구할 수 있다. 다만 부산은 해양도시이므로 그 분야의 지원을 위한 특례는 인정할 수 있다." 한마디로 '특별자치시'라는 명칭은 받아들일 수 없고, 해양 분야의 지원 방안은 있을 수 있다는 말이다. 부산시는 해양 산업 중심지에 걸맞게 특별한 지위를 요구하는데 정부는 그러한 '특례'를 인정할 수 없다는 입장이다.

해양특별자치시 추진은 지난 2004년 5월 허남식 시장의 공약이었다. 그 후 2005년 4월 유기준 의원 등 26명이 의원 입법으로 발의했고, 2년 가까이 부산시가 행정력을 쏟았으나 명칭 문제로 논란을 겪다 2007년 2월 법안 명칭을 '동북아 해양중심도시 조성에 관한 특별법'으로 변경, 국회에 재상정했다. 당시 법안은 해양특별자치시 신

부산시 '해양특별자치시' 추진 상황	
2004. 5.	시장 공약 선정(해양특별자치시 설치)
2005. 4. 6	'해양특별자치시 설치 및 발전에 관한 특별법'(이하 특별시법) 의원 입법 발의(유기준 의원 등 26명)
2007. 1. 31	당정협의회 등을 통해 '특별시법' 지원 건의
2007. 2.	'동북아 해양중심도시 조성 특별법' 초안 작성(법안 명칭 변경, 내용은 '특별시법'과 동일)
2007. 2. 23	'특별시법' 국회 소위 상정
2008. 4.	'동북아 해양중심도시 특별법' 재추진(국제자유도시 실현 목표)

설, 공유 수면 점용료 감면, 항만 기반 시설에 대한 정부 지원 등을
담고 있다. 따져보면 특별자치시란 명칭 말고는 별로 특별한 것이
없지만 이마저 용두사미가 될 처지다.

부산시는 여전히 미련을 버리지 않고 있다. 2007년 10월 한나라당
부산 지역 국회의원들에게 지원을 건의한 데 이어, 12월엔 이를 대
통령 공약 사업으로까지 넣었다. 어떤 식이든 '동북아 해양중심도
시'로 나아가기 위한 새로운 전략이 절실한 시점에 〈국제신문〉이
제시한 '부산 대개조 – 도시국가' 시리즈는 새로운 촉매가 되고
있다.

부산발전연구원 강성권 박사는 "부산은 해양 항만도시로서, 영상 · 금
융 · IT 분야가 강점으로 부각되고 있다. 이를 효율적으로 꽃피울 방
안이 도시국가 형태의 '국제자유도시'일 것"이라며 "연구원들과 머리
를 맞대 특별법안 시안 작업을 하고 있다"고 말했다. 일단은 제주특별
자치도법과 광주시의 아시아문화중심도시 특별법 형태를 참고해 부
산에 맞는 특별법을 연구하고 있다고 그는 설명했다.

경성대 배준구(행정학과) 교수는 "큰 틀에서 도시국가로 가는 방향은
맞지만 현실적으로 넘어야 할 산이 많다"면서 "지난번 특별법 추진

과정의 시행착오를 되풀이하지 않기 위해서는 부산만의 확실한 논리와 전략을 가져야 한다"고 말했다.

'도시국가 부산' 어젠다에 주목한다!
– 부산 지역 대학 총장들의 도시국가론

부산대 김인세 총장 이 어젠다에 적극 공감한다. 지금은 지역 스스로 혁신하고 스스로 발전을 견인하려는 확실한 의지와 믿음이 요구되는 시대다. 바야흐로 셋방화 시대(Glocalization, 세계화+지방화)를 맞고 있다. 외국인 투자 유치에도 적극 나서야 한다. 단순 제조업보다는 첨단 기술에 기반을 둔 연구개발 분야를 강화할 필요가 있다. 교육을 통한 지역인재 양성과 새로운 성장 모델을 제시하는 싱크탱크의 역할을 더욱 강화해야 할 것이다. 새로운 패러다임을 바탕으로 도시 발전을 견인하려면 지역의 산·학·연·관이 긴밀하게 연대해야 한다.

부경대 목연수 총장 부산과 나를 '도시국가 부산시민'으로 창조하겠다는 전략에 동의한다. 우리가 꿈꾸는 사회는 창의적 교육과 만족도 높은 일자리, 쾌적하고 아름다운 환경이 갖추어진 사회일 것이다. 그런 사회는 민·언·정·경·관·학 모두가 합심해 미래를 설계해 퍼즐 맞추듯이 이루어가야 한다. 첫걸음은 설계이다. '도시국가 부산'이 실현되려면 자치권과 재정 확보, 영어 공용화도 필수 조건이다.

한국해양대 오거돈 총장 도시국가는 재정 자립을 포함하는 개념이다. 중앙정부에 의존하지 않을 정도의 재정 자립 역량이 필요하다. 특히 중앙정부와의 관계에서 부산만이 아닌 대한민국 차원에서도 도시국가화가 필요하다는 전문적·대중적 공감대 형성과 논리가 중요하다. 목적이 아무리 좋아도 현실적인 뒷받침이 이뤄지지 않으면 이상에 그치는 만큼 조급하게 논의할 게 아니라 차근차근 여건을 조성해나가는 노력이 필요하다.

동아대 심봉근 총장 자치권이 얼마만큼 주어지느냐에 따라 한 도시의 '경영권', 즉 자유롭고 미래 지향적이며 선진적인 도시 개조가 가능하다. 외국인을 위한 무비자 및 면세, 외국 기업 유치에 대한 무규제, 부산 지역의 영어 공용화 등을 실현하려면 독립국가가 향유하는 수준의 자치권이 있어야 한다. '도시국가 부산' 기획이 일회성으로 끝나서는 곤란하다. 향후 정책에 반영되도록 부산시는 물론 중앙정부까지 머리를 맞대고 실천 가능한 것부터 추진해야 한다.

경성대 나중식 총장 '도시국가'라는 혁신적인 패러다임은 지금까지 제시된 어떤 비전보다 강력하다는 점에서 큰 의미를 갖는다. 가장 중요한 것은 자치 의식이다. 대한민국 국민으로서 갖는 자부심에 앞서 '나는 부산사람이다'라고 말할 때 무한한 자부심을 가져야 한다는 말이다. 도시국가는 자치적인 경제자립도시를 의미할 것이다. 그런 점에서 도시국가라는 비전은 부산의 새로운 가치 창조를 위한 중요한 지표가 될 것으로 판단한다.

동의대 강창석 총장 부산의 지역적 특성을 살려 해양·관광·문화 도시로서의 가치를 개발해 향후 부산이 나아갈 방향을 찾았으면 한다. 부산이 항만 도시로서 기능을 다하기 위해서는 물류와 해양 스포츠 시설에 집중 투자하는 장기 계획을 완성해 추진해야 할 것이다. 또 부산이 영화·영상 산업의 메카로 급부상하고 있는 현실을 적극 활용해 문화 도시에 초점을 맞춘 도시국가로 발전 전략을 마련할 수도 있다.

신라대 정홍섭 총장 부산은 심각한 위기 상태인데도 위기를 제대로 인식하지 못하고 있다. 정보 공유와 토론을 통해 위기 극복을 위한 시민적 공감대를 형성해야 한다. 그 과정에서 수도권의 대극을 이루는 부산권이 무언가 새로운 시도를 해야 한다는 것을 확인할 필요가 있다. 독자적인 발전 전략을 짜서 물류 비즈니스, 교육, 관광, 의료 등에서 특화된 도시를 만들어야 한다.

부산외대 유선규 총장 부산의 산업 전략도 이제는 선택과 집중으로 전환해야 한다. 부산의 여건상 가장 적합한 분야는 서비스업이라고 생각한다. 여기엔 관광, 쇼핑, 물류, 금융, 엔터테인먼트가 포함될 것이다. '교육 산업'을 집중 육성해 부산을 교육 도시, 교육 허브로 만드는 전략도 필요하다. 아직은 '도시국가'란 개념이 명확하지 않은 것 같다. 홍콩, 마카오, 두바이, 싱가포르를 모델로 한다면 각 도시의 영문 이니셜을 따서 '호마두싱 프로젝트'라고 이름 붙이면 어떨까 싶다.

영산대 부구욱 총장 이번 어젠다는 항구도시 부산을 새롭게 바꾼다는 점에서 긍정적이고 '큰 발상'이다. 이러한 비전은 시민, 기업인, 학자, 공무원 등 부산의 구성원들에게 보다 강화된 주체성과 참여 의식을 불러일으킬 것으로 보인다. 다양한 아이디어가 흘러넘치는 '창조적 도시국가'를 지향해야 한다. 사회 문화적 인프라로서 영어 공용화와 인재 확보를 꼽고 싶다. 부산권 대학의 우수 재학생에게 장학금 지급을 확대하고 졸업 후 부산권 기업체에서 일정 기간 이상 근무하도록 장려하는 정책이 필요하다.

동명대 이무근 총장 부산이 경쟁력을 갖춘 세계도시로 발돋움하려면 국내외 기업 유치가 무엇보다 중요하다고 생각한다. 이를 위해 물류 교통망을 확충하고 물류 시스템을 선진화해 물류비 부담을 줄여야 한다. 기업들에 대한 과감한 세제 감면 등 실질적 투자 유인책이 필요할 것이다.

동서대 박동순 총장 지금과 같은 제2도시로는 희망이 없다. 발상의 대전환이 필요하다. 부산을 글로벌 네트워크 도시로 만들어야 한다. 이를 위해서는 무비자 · 무규제 · 무관세 등이 실현된 개방 도시가 되어야 한다. 그런 점에서 한국－중국－일본을 연결하는 해저 터널을 적극 검토해볼 만하다. 영어 상용, 유비쿼터스 도시 구축도 서둘러야 한다.

(직함은 2008년 4월 현재임)

OPINION

수도권과 지방의 상생을 위하여

"도시국가요? 들어보기는 했는데 아직 구체적인 검토는 안 해 봐서……."

"부산의 도시국가론과 같은 자체적 발전 아이디어가 지역에서 많이 나와야 합니다. 상당히 반가운 현상이죠."

'도시국가론'에 대한 서울 지역 인사 및 중앙정부 부처 관계자들의 반응은 아주 다양했다. "생소하다", "시의적절하다", "고무적인 현상이다", "좀 더 두고 보자", "모르겠다"…….

도시국가를 향한 논의가 지역 내부에 갇히지 않고 폭넓은 공감대를 얻으려면 외부의 인식과 시각을 정확히 읽지 않으면 안 된다. 특히 지방에서 아무리 소리쳐봐야 중앙(서울)이 공감하지 않으면 일이 풀리지 않는다는 점에서, 서울과 중앙의 시각을 간파해 논리를 다지는 것도 중요하다.

서울과 경기도 등 수도권 광역자치단체의 시장과 도지사가 잇따라 나서서 "서울의 경쟁력이 국가경쟁력", "수도권 규제 완화가 최우선 과제"라며 수도권 정책 변화를 요구하는 상황을 도시국가 논의의 지렛대로 활용할 수 있다는 지적도 나온다. 수도권과 지방의 상생이 시대적 과제라면, 수도권 정책에 대응하는 특단의 지방 정책, 즉 도시국가 같은 대안을 적극 검토해야 한다는 것이다.

지역의 희망, 지역 스스로 만들어야

먼저 국가균형발전위원회를 노크했다. 국가균형발전위는 현 정부의 핵심 지역 발전 전략인 '5+2 광역경제권'과 남해안 선벨트 등 4개 권역별 초광역경제권 정책을 총괄하는 정부기관이다. 박경국 지역협력국장은 "부산에서 논의되고 있는 도시국가론은 결코 생소한 개념이 아니다. 이미 선진 외국에서는 지역 발전 핵심 개념으로 도시국가 논의가 활발히 전개되고 있다"며 긍정적으로 운을 뗐다. 이어 그는 "지역균형발전이 국가경쟁력의 근간이 된다는 점에서, 부산의 도시국가론과 같은 지역의 자생적 발전 담론과 아이디어들이 더 많이 나와야 한다. 이는 지역의 경쟁력을 스스로 높이기 위한 첫걸음"이라고 덧붙였다.

계속되는 그의 설명이다. "이미 세계적으로는 국경 개념이 약해진 반면 도시가 자생적 경영 능력을 발휘하고 주변국 도시들과의 교류 확대 및 협력을 강화해 도시경쟁력을 높이고 있다. 도시가 국가의 기능을 상당 부분 수행하고 있다는 이야기다. 다만 국내 현실에서는 난제가 많은 만큼 부산의 도시국가 논의도 조급해 하지 말고 중앙정부 및 다른 지역과의 협의를 넓혀나가는 지혜를 발휘해야 한다." 박 국장은 "중앙정부의 움직임과 정책에만 끌려갈 게 아니라 지역 스스로 발전 방향을 찾는 데서 지역의 희망을 만들어야 한다"고 말하기도 했다.

도시국가론에 대한 견해를 묻자 유보적 입장을 보인 인사도 적지 않았다. 국토해양부 산하 정책 연구 기관인 국토연구원의 박양호 원장은 "아직 들은 바 없다. 많은 분이 그 이야기를 하기는 했다. 그러나 아직 구체적인 내용을 검토해보지 않아 공부를 한 후에 생각을 밝힐 수 있을 것"이라고 했다. 서울시정개발연구원 어윤덕 원장도 인터뷰 제의에 "다음에 이야기하겠다"며 즉답을 피했다.

'도시국가론'은 창발적인 아이디어

학계와 민간의 관심은 의외로 높았다. 서울대 행정대학원 홍준형 교수는 "도시국가는 아이디어 차원에서 우선 창발적이며, 한국의 상황에서도 지방에서 충분히 제기할 수 있는 문제라고 본다"면서 "그러나 과연 서울이라는 원심력이 그걸 수용할지는 미지수"라고 말했다. 원심력이란 물체가 원운동을 하고 있을 때 회전 중심에서 멀어지려는 힘인데, 그와 마찬가지로 중앙집권적 사고에 젖어 있는 서울의 주류 사회가 그걸 쉽게 받아들이겠느냐는 뜻이었다. 홍 교수는 "하지만 수도권 규제 완화 문제만 하더라도 서울 쪽에서도 비판적으로 보는 사람이 많다"면서 "국가 발전의 틀을 전향적으로 생각하는 정치인이나 관료라면 의미 있는 문제 제기로 받아들일 것"이라고 했다.

반면 이러한 긍정적 시각과는 별개로 수도권의 서울 중심 사고는 여전히 강고하다. 오세훈 서울시장이 2008년 8월 4일 서울의 한 정치 포럼에서 밝힌 서울경쟁력 강화론은 지방의 반발을 불렀다. 이 자리에서 오 시장은 "서울의 발전이 다른 도시나 지역으로 흘러넘치는 확산 효과(spill over effect)를 이끌어내야 한다. 서울의 경쟁력이 국가경쟁력을 높이는 관건"이라고 주장했다. 이에 대해 부산, 울산, 경남 등 180개 동남권 시민사회 단체는 "오 시장의 인식과 발언은 서울이 국가와 지방을 지배하는 '내국 식민지 사상'이나 다름없다"고 강하게 규탄했다.

정치권의 시각도 전체적으로는 호의적이지 않다. 이름 밝히기를 꺼린 서울 출신의 A국회의원은 "부산이 도시국가가 되면 대구와 광주는 어떤 도시로 남게 되느냐"고 반문한 뒤 분권도 안 되는 마당에서 너무 앞서가는 주장 같다고 말했다.

반면 정치권 일각에서는 전향적인 시각도 나오고 있다. 자유선진당 이회창 총재는 지난 대선 때부터 국가 대개조를 위해 '강소국형 연방제'로 나아가야 한다고 주장했다. 강소국형 연방제는 전국을 4~5개 권역으로 나눠 사실상 각각의 도시국가를 건설하는 것이다. 그가 집권하지 않는 한 실현 가능성이 높아 보이지 않지만, 일각에선 국가 장래와 관련해 생각해볼 여지가 있는 정책으로 주목한다.

아주 솔깃한 상상력, 구체적 전략 보태라

고영삼(사회학 박사, 한국정보문화진흥원 선임연구원) 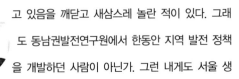 어느 날 '지방'이 사라지

고 있음을 깨닫고 새삼스레 놀란 적이 있다. 그래

도 동남권발전연구원에서 한동안 지역 발전 정책

을 개발하던 사람이 아닌가. 그런 내게도 서울 생

활 몇 년 만에 지방이 보이지 않으니 다른 사람들은 오죽하겠는가.

대다수의 서울 사람은 지방 사람보다 더 바쁘고, 더 좁게 살고, 더

내핍하며 산다. 더 많은 성장의 기회 때문에 현재의 곤궁함을 마다

하지 않는 사람들에게 부산의 이야기는 귀를 세울 만한 소재가 못

된다.

그렇지만 이번의 부산 도시국가 논의는 조금 생경하면서도 무척 고

무적으로 들렸다. 부산의 재기를 위한 몸부림 소리로 들렸다. 해양

특별시 추진이 실패로 돌아간 마당에 또 다른 무언가를 만들어야

하는 시점이었다. 그 빈자리를 채우는 꽤 솔깃한 상상력으로 들렸

다. 더구나 이번에는 공무원이 선창하고 시민이 동원되는 방식이

아니라지 않는가. 성공적으로 출발하는 사회 운동의 한 요소는 갖

춘 셈이다.

그런데 '도시국가'라……. 구호가 좀 거창하다. 그래도 부산이니까

이 정도나마 개념이 만들어질 수 있을 것이다. 그러나 성공하지 못

하는 비전과 구호는 애초 없음만 못하다. 사실 부산시민들은 '성숙

한 세계도시'니 '해양수도'니 'u-시티'니 하는 말에 지쳤다. 구호

에 지치면 냉소적 문화가 판을 친다.

그러면 부산 도시국가 논의의 성공 방정식은 무엇인가.

첫째, 도시국가의 개념을 영감이나 구호 수준이 아닌, 전략 목표의

수준으로 체계화해야 한다. 구호는 사람들을 동원할 수 있지만, 그저 일시적 효과만 거둘 수 있을 뿐이다. 부산 도시국가론이 성공하려면 우선 도시국가의 개념을 정확히 설정하고 전략 계획을 수립해야 한다. 지방 분권, 연방제, 5+2 광역 등의 개념과 어떻게 다른가. 도시 '국가'인가 '국가적' 도시인가? 이 새로운 가치를 창출하는 핵심 전략은 무엇인가.

둘째, 국제적 거점도시로 역할을 설정해야 한다. 향후 한반도의 발전 추세는 서울을 중심으로 한 인천, 파주 및 개성, 수원 등이 거대한 메갈로폴리스를 형성하고 베이징, 다롄, 칭다오와 거대 경제권을 형성할 것이다. 동남권은 독자적 구심력 형성에 성공해야 서울 경제권의 원심력과 구심력에 상처받지 않을 것이다. 부산은 다행히 포항·경주·울산·양산·김해·마창진(마산·창원·진주) 등을 묶어서, 철강·선박·자동차·물류·관광 등의 차별화된 경제권을 만들 수 있다. 아시아 지역의 타 경제권과의 관계 속에서 차별화된 역할을 키워야 할 것이다.

셋째, 행정 구역 문제와 지방 분권 및 자치제에 대한 실질적 합의가 필요하다. 특히 선출직 지도자들의 현실적 이해관계를 시민들이 어느 정도 인정해주어야 하지만, 선출직 지도자들의 양보와 헌신이 필요하다. 시민들은 선출직 지도자들이 개인적 이해관계를 이유로 행정 구역 개편과 같은 핵심 쟁점을 비켜 간다고 냉소하고 있다. 동남권 구성원들은 현재의 선출직 인사들이 크게 손해 보지 않는 시점을 찾아 행정 구역 통합의 로드맵을 만들어야 한다.

마지막으로, 메갈로폴리스 서울의 성장력을 감안해보니 부산 도시국가론은 동남권이 자생적으로 발전할 수 있는 거의 마지막 시기에

도출된 개념인 것 같다.

2010년의 지방선거, 2012년의 총선과 대선에서 선언 수준이 아니라, 전략 방법론이 공약으로 표출될 수 있도록 달구어야 한다. 이때 시민사회가 주도하는 형식이 되는 것이 정말 중요하다. 미국 쇠고기 수입 건에서 나타나듯이 이제 정책이 성공하는 데 시민사회가 합의해주는 것만으로는 어렵다. 시민사회가 주체가 되는 수준까지 나아가야 한다. 소통 제일의 이 시대에 이 과제의 성공을 위해 언론의 역할을 기대한다.

문화사회학자 게오르그 짐멜(G. Simmel)은 "인간이란 방랑에 대한 동경과 고향에 대한 동경을 가지고 산다"고 했다. 고향은 발전되어도 발전되지 않아도 항상 그리운 것이지만, 부산이 멋있는 도시로 발전하기를 고대한다.

OPINION

부산, 도시국가로 가는 길

3

부산다움 찾기

'부산다움'이란 무엇일까.

"…… 어려운 질문이네요. 그 질문에 당당하게 '이런 것이다' 하고 답할 수 있는 사람이 몇 명이나 될까요. 부산은 그만큼 정체성이 모호한 도시라고 할 수 있어요. 도시국가로 나아가는 큰 걸음을 시작할 때 이 부분은 반드시 짚어봐야 합니다. '부산다움'을 제대로 발견해야 도시국가가 가능해져요."

'부산을 사랑하는 모임' 서세욱 회장의 말이다. 수십 년간 시민운동에 몸담아온 분의 이야기가 이럴진대, 일반 시민들은 어떤 대답을 할 수 있을까. 강, 바다, 산, 온천(사포지향 · 四抱之鄕)이라고 하면서도, 그 잠재력을 개발하기는커녕 제대로 자랑조차 못하는 도시. 이런 모습이 부산이라면 생각을 바꾸어야 한다. 부산은 자랑할 것이 없는 게 아니라 그것을 찾아내지 못했고, 정체성이 없는 게 아니라 제대로 의미를 부여하지 못했다는 지적을 되새겨볼 필요가 있다.

"아주 괜찮은 게 있죠. 동래학춤 말이에요. 그거 세계적인 겁니다. 학의 자연미와 기품, 선비의 멋과 율동이 이처럼 잘 어우러진 춤사위가 세계 어디에 있습니까. 세계적 콘텐츠예요. 부산은 또 해녀의 메카입니다. 해녀가 1000명이 넘는다고 해요. 해녀 하면

동래학춤

제주를 떠올렸는데 그게 부산이 되었어요. 해녀 축제를 열면 독특한 관광 상품이 될 겁니다." 역시 서세욱 회장의 말이다.

부산은 시드니가 아니다

향토 사학자이자 원로 작가인 최해군 씨는 '부산다움'을 이야기하는 키워드로 '바다'와 '해양'을 꼽았다. 이는 다른 도시가 갖지 못한 장점으로, 개방성과 국제성(글로벌 의식)을 만드는 원천이다. 부산은 이 부분을 잘 살리고 있는가. 최 씨는 고개를 절레절레 흔든다. 북항 재개발 이야기가 나오자 그의 목소리가 한껏 높아졌다.

"시드니형이니 두바이형이니 얼마나 말이 많았나. 수변공간을 확대하는 친수형이다 업무시설을 더하는 상업형이다 하더니, 이제는 롯데그룹에서 기천억 원을 들여 오페라하우스를 짓는다고 하지. 기업이 기부한다는데 나무랄 수야 없지. 하지만 그게 과연 부산에 맞는 것인지 생각해봤을까. 화려한 옷만 입힌다고 문화가 만들어지는가."

원로 작가의 걱정은 북항 재개발의 콘셉트 속에서 '부산다움'을 찾기가 어렵다는 것이었다. 시드니나 두바이를 따라하고, 싱가포르를 본뜨는 데 만족한다면 그것은 진정한 부산다움이 아니라는 의미다.

"부산만의 독창적 마인드가 필요하지. 부산의 바다는 물류 중심지나 관광이 전부가 아니거든. 백두대간 낙동정맥의 정기가 응축돼 바다로 뻗어나가는 지점에 부산의 문화와 전통을 담아 생명력을 불어넣어야 한다는 거지. 그럴 때 진정으로 동북아시아, 아니 세계적 해양 도시국가가 될 수 있어요."

총사업비 8조 4700억 원이 투입되는 북항 재개발 사업은 2008년 중 착공을 예상하고 1차 디자인이 되었으나, 친수 공간 및 상업 시설 등 토지 이용을 둘러싼 논란이 끊이지 않고 있다. 북항 재개발 추진 과정에 중앙정부가 깊이 개입, 지역의 독창성과 자율성을 제한하고 있는 것도 문제로 지적된다.

사투리와 판잣집

인문학자가 보는 '부산다움'은 어떤 것일까. 〈국제신문〉에 '철학자, 바다를 뒤집다'를 연재하고 있는 이지훈(한국해양대 강사) 박사는 부산 사람들의 의식 코드로 개방성과 평등성을 꼽았다. "부산은 한국전쟁 이후 8도(道) 사람들을 차별 없이 받아들였고, 외부에서 흘러든 문화에 대해 텃세를 부리지 않았어요. 이게 개방성이죠. 부산 사람들은 또 누구와도 쉽게 친해져요. '하소', '마소' 하는 식의 직설적이면서 친근한 삶의 태도는 평등성이라 할 수 있을 겁니다. 이 두 가지의 친화력 있는 코드가 곧 부산다움이라고 봅니다."

부산의 불꽃축제

이 박사는 "거창한 관광 단지를 만들어 관광객을 끌어들이려 하기보다 생활 주변 구석구석에 부산의 숨결이 흐르도록 해야 비로소 부산다움이 찾아질 것"이라면서 "그 점에서 부산과 경남에는 동래학춤과 여러 형태의 오광대, 음악가 윤이상, 해운대, 을숙도, 낙동강 그리고 걸쭉한 사투리 등 유·무형의 문화 콘텐츠가 많이 있다"고 말했다.

교통·토목 전문가인 동의대 정창식 교수(서부산시민협의회 공동 회장)는 '부산다움'을 '부산 브랜드'라는 말과 동일시해서는 안 된다고 주장했다. 그는 "부산은 여러 가능성과 다양성이 공존하는 도시다. 한두 가지 모습으로 이미지를 고정시킬 필요는 없다. 브랜드는 그것대로 챙기되 영화의 도시, 문학의 도시, 물류중심도시, 경제자유도시처럼 분야별로 특화된 이미지를 살리고자 노력해야 세계 일류의 메갈로폴리스가 될 수 있다"고 말했다.

정 교수는 "특히 메갈로폴리스로 볼 때 부산권은 서울이나 인천 등 수도권과 차별화된 도시 기능이 필요하다"면서 "그런 측면에서 '24시간 도시, 24시간 행정 지원이 가능한 도시'를 내세우고, 직업 수에 있어 서울은 3만 개지만 부산은 4만 개에 달한다고 당당히 외칠 수 있을 정도로 다양성이 숨 쉬는 도시를 추구해도 좋을 것"이라고 했다.

부산다움을 찾으려면 도시 재개발(재건축)에 대한 인식부터 바꿔야 한다는 지적도 설득력 있게 들린다. 문화 후원자로 알려진 문정현 서봉리사이클링(주) 회장은 "기존의 것을 허물고 아파트를 세우는 것만이 재개발은 아니다. 낡은 것의 숨겨진 의미와 가치를 재발견하는 과정에서 진짜 부산다움이 나타날 것"이라고 했다. 일례로 그는 중·서구에 일부 남아 있는 판잣집의 관광 자원화 방안을 제시하면서 "외국인이 온다면 부산의 초고층 아파트를 보려 하겠느냐, 삶의 진솔한 모습이 스며든 판잣집을 보려 하겠느냐?"고 반문한다. 문 회장은 "'부산다움'은 멀리 있거나 거창하게 접근해야 하는 문제가 아니다"라고 하면서 이 부분이 채워져야 내실 있는 도시국가가 될 수 있다고 강조했다.

지방이 살아야 나라가 제대로 선다!

김기홍(부산대 경제학과 교수) 도시국가! 어떤가? 말만 들어도 가슴이 뛰지 않는가! 갖가지 악조건과 악재만 남아 있는 듯한 우리 부산을 싱가포르와 두바이는 저리 가라 할 정도로 변모시키는 큰 방향을 제시하니 어찌 가슴이 설레지 않겠는가.

하지만 우선 분명히 하자. 도시국가라는 개념은 한 도시를 근본적으로 변화시키는 방법론상의 맥락에서 제기한 것이지, 그 지역을 대한민국과 분리해 정치적으로 독립시키자는 말은 아니다. 지금처럼 지방과 지역을 홀대할 바에야 "차라리 독립이나 해버리자"라는 다소 과격한 말이 나오기도 하지만, 그럼에도 우리는 부산이, 한 도시가, 한 지방이 제대로 살아야 대한민국이 제대로 선다는 생각에서 도시국가를 외친다. 그러니 차라리 우리의 주장은 '국가'라는 형태보다는 국가가 가진 자주 · 자립 · 자족의 특성에 더 관심을 쏟는다.

또 하나, 우리는 도시국가를 외치지만 '도시'라는 명사에 무한한 애착을 가지지는 않는다. 도시는, 부산은 다만 출발점이다. 우리가 지향하는 목표는 좀 더 크다. 울산과 경남 등 동남권은 기본이고 대구와 경북 나아가, 일본의 규슈까지 포괄하는 초광역경제권도 우리 지향점에서 배제하지 않는다. 단지 지금은 부산이라는 한 도시를 어떻게 하면 경제적 · 문화적 · 제도적으로 환골탈태(換骨奪胎) 하도록 하는가에 깊은 관심과 열정을 쏟을 때이다. 모든 시작은 작아야 되지 않겠는가.

도시국가 부산의 가장 큰 관심사는 경제적 자립이다. 우수 인재를 길러도 취업을 위해서는 서울과 수도권으로 가야 하는 씁쓸함, 부산에 들어서는 것은 '아파트와 횟집 그리고 병원' 뿐이라는 낭패감, 부산을 살리기 위한 모든 경제 정책과 자금이 서울과 수도권의 논리에 의해 좌우되는 이 부조리한 현실. 그래서 우리의 일차적 목표는 경제 정책의 자율성 확보, 그 정책을 시행할 수 있는 자금 조달의 자주성 확보, 그리고 이를 뒷받침하는 제도적 장치의 구축이다. 아니 이 일차적 목표는 사실상 도시국가 부산의 실질적 지향점이기도 하다. 물론 더 가열한 노력이 뒤따라야겠지만 경제 구조가 변하면 정치·문화·행정을 바꾸기도 상대적으로 어렵지 않기 때문이다.

이 지향점으로 나아가기 위해 우리는 '위로부터의 태도 변화'와 함께 '밑으로부터의 인식 전환'을 요청하고자 한다. 부산시장을 비롯한 부산의 정책 및 여론 주도층은 하나의 지방 도시를 이끈다는 생각 대신 '싱가포르, 두바이, 홍콩'을 능가하는 새로운 도시국가를 만든다는 생각을 가져야 한다. 그와 함께 부산의 모든 시민도 경쟁 상대 혹은 목표를 서울이나 송도, 인천을 뛰어넘는 것으로 설정해야 한다. '아무리 해도 안 돼, 부산은 이제 한물갔어' 하는 낭패감 대신에 원론적이기는 하지만 '도시국가를 만들면 부산은 새롭게 변할 수 있다'는 인식 전환이 이루어져야 한다. 이런 공감대가 형성된다면 이제 부산은 '함께' 도시국가를 위한 제도적 장치를 만들어 나갈 수 있다. 그래서 지금 논의되고 있는 국제자유도시, 해양중심도시 등 각종 특별법 제정도 부산의 모든 경제 주체가 '함께' 이룩하는 것이 되어야 한다. 그렇지 않고서는 그 실행을 위한 추동력이 생길 수 없다. 도시국가는 제3자를 위한 것이 아니라 바로 우리 부산시민을 위한 것이기 때문이다. 분권, 금융 중심지 선정 또한 이런 맥락에서 이해할 수 있다.

도시국가가 무엇을 의미하는지 아직 불확실한 면이 많고 누구도 도시국가로 가는 길이 순탄하리라고 생각지는 않는다. 하지만 모든 부산시민이 '함께' 갈 때 이 길은 열리리라 생각한다.

OPINION

부산 독립은 '경제 독립'에서 시작된다

"부산이 '도시국가' 수준으로 발전하려면 경제적·행정적 자치권을 확보해야 한다. 도시 재정이 튼튼해야 비로소 주체적인 도시 경영이 가능하다." 도시국가 실행 전략과 관련해 부산 지역 대학 총장들이 들려준 조언이다.

재정 자립은 우리나라 모든 도시의 꿈이다. 재정 자립이 이뤄져야만 중앙정부의 눈치를 보지 않고 도시 쇄신을 위한 자율적·창조적 경영을 펼칠 수 있기 때문이다. 이는 도시국가로 나아가는 제1조건을 재정 독립에서 찾아야 한다는 말이기도 하다. 부산의 재정자립도는 2007년 기준 60.8%이다. 한 해 전보다 7.9%p가 떨어졌다. 이는 지방자치제가 시행된 1995년의 82.2% 이후 최저치이다. '재정 족쇄'가 갈수록 심해지는 양상이다. 어떻게 풀 것인가. 역발상이 필요하다. 서기 2048년 부산이 꿈꾸는 현장으로 날아가보자.

2048년, '부산 인디펜던스'의 꿈

2048년 4월 7일 '도시국가 부산' 시민 구보(40) 씨는 인터넷을 통해 반가운 뉴스를 접했다. 부산 자치정부가 2028년부터 꿈꿔온 '세계문화 중심도시'가 마침내 결실을 맺었다는 것이다. 부산 자치정부는 20여 년 전부터 총 10조 원이 투입되는 '서부산 문화 단지' 조성 사업을 펼쳐왔다. 그 사업이 오는 10월 5일 '부산시민의 날'에 맞춰 준공을 보게 된다는 것. '서부산 문화 단지'는 동남권 신공항이 들어선 다음 비어 있던 옛 김해공항 부지 66만여㎡에 조성된 최첨단 문화 콤플렉스. 사업 초기에는 반대 여론이 만만치 않았다. 일부 시민들은 "금싸라기 땅에 문화 단지가 웬 말이냐. 돈이 남아돌면 시민들에게 나눠 줘라" 하며 자치정부를 압박하기도 했다. 하지만 자치정부는 '도시국가 부산'이 일류 도시가 되려면 문화 일번지로서 위상을 갖춰야 한다고 보고 사업을 강행했다. 첨단 국제 신도시에다 외국인 주거 단지까지 자리 잡은 서부산권에 대한 문화 시설 투자야말로 '도시국가 부산'의 위상을 높일 호기가 된다는 판단도 작용했다.

인터넷을 보고 있던 구보 씨의 얼굴에 미소가 번졌다. "참 대단해. 사업비 10조 원을 어떻게 만들었나 했더니, 절반은 자치정부 예산을 매년 나눠서 충당하고, 나머지는 '부산 인디펜던스(독립) 펀드'로 해결했군. 펀드 하나 잘 만드니까 자치정부 재정이 확 폈어." 출근길에 구보 씨는 아내에게도 한마디 했다. "옛날엔 재정 자립이 늘 문제였나 봐. 아버지 말씀이 생생해. 21세기 초에 길을 잘 잡았지. 그때 시민과 지식인, 공무원이 똘똘 뭉쳐 '부산이 살아야 대한민국이 산다'며 도시국가를 모색했기에 오늘이 있는 것 아니겠어."

2008년, "문제는 재정이야"

구보 씨의 아버지 구 씨는 갓 태어난 아기를 안고 신문을 펼친

부산영상센터 두레라움 조감도

다. "난항 겪던 부산영상센터 '두레라움' 빠르면 10월 착공……"
이라는 기사를 보며 구 씨는 혀를 끌끌 찬다. 건립비용 969억 원
중 국비와 시비를 반반씩 부담키로 했으나 국비 지원 형식, 즉 국
가균형발전특별회계로 하느냐 일반회계로 하느냐를 놓고 몇 년간
줄다리기를 하다 겨우 일반회계 지원으로 가닥이 잡혔다는 것. 그
렇다고 걸림돌이 없는 것도 아니다. 센텀시티 내 부지 마련 예산
을 중앙정부가 공시지가 기준으로 편성할 뜻이어서 조성 원가를
기준으로 요구했던 전체 지원 요구액이 줄어들 수도 있는 상황이
다. 구 씨는 "재정이 문제야. 서울을 쳐다보지 않으면 되는 일이
없으니, 이거야 원" 하며 인상을 찌푸렸다.

　시정부의 재정 상황이 좋지 않으면 아무리 좋은 전략 사업을 구
상한다 해도 제대로 추진하기 힘들다. 구 씨는 얼마 전 접한 또 다
른 소식을 떠올렸다. 지방정부 재정의 유연성을 확보할 수 있는 핵
심적 지표인 국세와 지방세 비율이 지방 분권을 의욕적으로 추진
해온 참여정부 5년 동안 되레 후퇴했다는 뉴스였다. 지난 2002년
국세와 지방세의 정확한 비율은 76.7대 23.3이었으나, 2006년에는

78.7대 21.3으로 오히려 격차가 더 벌어졌다는 것이다. 구 씨는 "답답하군. 언제까지 중앙정부의 재정 족쇄에 묶여 있어야 한단 말인가" 하며 새삼 재정 자립의 중요성을 곱씹었다.

부산의 재정 자립, 돌파구는 없나?

부산광역시의 재정난은 제2도시의 위상에 전혀 어울리지 않게 심각하다. 행정안전부가 파악한 광역자치단체의 2008년 재정자립도 자료를 보면 부산은 59.2%에 불과하다. 2004년 72.7%→2005년 70.6%→2006년 68.7%→2007년 60.8%로 급격히 줄다가 끝내 50%대로 떨어진 것이다. 이런 추세라면 2012년에는 50% 이하로 떨어진다는 분석도 나와 있다.

부산시의 재정 구조는 의존수입이 2005년 기준 1조 6000억 원으로 7대 도시 중 가장 높다. 이 중 국고보조금이 6050억 원으로 다른 도시에 비해 두 배가 넘는다. 향후에도 지방세 수입보다 의존 수입이 점점 더 커져 중앙의존도가 높아진다는 게 큰 문제다. 이는 자치단체로서의 재정 독립성 상실을 의미한다.

행정 전문가들은 재정자립도가 높아진다고 전체 예산 규모가 늘지는 않는다고 말한다. 예산의 증액은 각종 인프라 확충 사업에 대한 세출 규모와 연관되어 있고, 수입 측면에서 기본적으로 지역 경제 규모의 확대와 성장에 따른 것이기 때문이다. 또한 지방세와 국세의 비율 격차 축소 등을 통한 재정자립도 향상이 이뤄질 경우 의존 재원인 국고보조금 · 교부세 · 양여금 등이 줄어들 수도 있다.

그럼에도 재정자립도는 개선되어야 한다. 그 문제에 중앙의 통제, 지방 종속이라는 정치적 함수가 개입되어 있기 때문이다. 이

종원 부산시 재정관은 "지금
과 같은 구조에서는 정부보
조금 등을 따내기 위해 중앙
정부와 지방, 그리고 지방과
지방이 서로 다투거나 눈치
를 봐야 하고, 그에 따라 각
종 중요 사업이 번번이 지체
될 수밖에 없다"고 했다. 이
재정관은 이어 "재정자립도
를 높여야 지역 역량이 강화

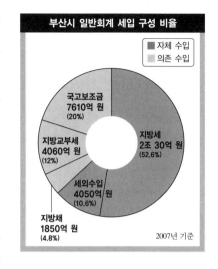

되고 각종 사업 추진에 속도와 효율성이 살아난다"면서 "국세와
지방세 비율도 격차 해소 방향으로 가는 것이 맞다"고 덧붙였다.

지방세 비율 확대 외에 재정자립도를 높일 수 있는 방안으로 세
외수입 확대, 수익성과 공익성을 겸비한 '도시 펀드' 발행 등이
거론되고 있지만 세외수입은 근본 대책이 되지 못한다는 지적도
있다. 재정 분권을 위해서는 부가세와 특소세의 지방 이양이 필요
하다는 목소리도 강하다.

결국 어떤 방법을 모색하든지 현행 체제 내에서의 해결책은 제
한적일 수밖에 없어 '도시국가'와 같은 특단의 대안 마련이 요구
된다. 부산시 행정부시장과 해양부장관을 지낸 한국해양대 오거
돈 총장이 〈국제신문〉의 설문조사에서 답한 내용도 이런 맥락이
다. "완전한 자치권 이양을 위해서는 재정 확충이 필수이며, 완고
한 입장인 중앙정부에 대해서는 부산의 발전이 국가 전체의 발전
으로 연결된다는 논리로 설득에 나서 제도적 양보를 이끌어내는

역량 결집이 필요하다."

일본 변화의 키워드, '도주제(道州制)'

최근 일본의 지방도시들이 너도나도 '경제 독립선언'을 하고 있다. 중앙정부 주도의 '국토균형발전'은 꿈일 뿐이며, 도쿄에 의존해서는 재정 자립은 물론 새로운 미래도 열리지 않으리라고 보기 때문이다. FTA(자유무역협정) 등에 힘입어 완전한 자치와 분권을 요구하는 목소리도 날로 높아지고 있다. 변화의 키워드는 이른바 '도주제(道州制)'다.

"한마디로 말해 미국처럼 연방제로 가겠다는 거지요. 현재의 47개 광역자치단체인 도도부현(都道府縣)을 10여 개의 초광역 경제권으로 재편, 경쟁력을 갖게 한다는 내용입니다. 규슈와 홋카이도가 한 덩어리가 되는 식이지요. 입법권, 사법권, 행정권이 부여된다니 완전한 자치권역이 되는 것이지요." 동의대 행정학과 김순은 교수의 설명이다.

김 교수는 "일본의 도주제 논의는 우리에게도 시사하는 바가 크다"면서 "부산, 울산, 경남을 실질적인 초광역권으로 통합해 도시국가 또는 국가도시로 만들어야 우리도 경쟁력을 가질 수 있다"고 주장했다.

일본에서 현행 도도부현 제도의 개선이 처음 공론화된 것은 1957년이다. 그 후 간헐적으로 논의되다가 1999년 지방 분권 일괄 법이 타결되면서 탄력을 얻기 시작했다. 최근에는 정치권과 경제계가 가세해 홋카이도 우선 시행을 골자로 하는 로드맵까지 제시하고 있다. 작은 정부를 지향하는 정부 개혁도 속도를 내고 있고 정치권도 자발적으로 국회의원 수를 30% 줄이는 방안을 논의하고 있다. 커다란 변화가 일본 곳곳에서 진행되고 있는 것이다.

경제 독립 움직임은 규슈에서도 가시화되고 있다. 일본 경제 주간지 〈닛케이 비즈니스〉는 얼마 전 '규슈 독립 전쟁'이라는 제목으로 규슈 경제계의 희한한 움직임을 소개했다. 현지 경제인들 사이에서 "도쿄 중심 체제로는 한계가 있는 만큼, 일본에서 분리되어 한국과 독자적 FTA를 맺자"는 주장이 터져 나오고 있다는 것이다. 부산시가 관심을 갖고 추진하는 부산—규슈 초광역 경제권 논의도 이와 연관되어 있다. 일본의 도주제 추진은 동남경제권 통합 논의의 방향을 일러주고 있다.

부산에 있는 한진중공업이 부산에 내는 세금은?

부산의 최대 기업인 한진중공업은 부산에 얼마만큼의 세금을 낼까. 부산 영도구청에 따르면 2007년 한진중공업이 낸 세금 중 영도구청 몫은 6억 원이 채 안 되고, 부산시세가 30억 원쯤 된다. 반면 국가로 들어간 세금은 150억 원가량인 것으로 잠정 집계되고 있다. 전체 세금 180억여 원 가운데 국세와 지방세의 비율이 8대 2의 수준으로 나뉜 것이다.

영도구청의 세무 담당자는 "쉽게 납득이 가지 않겠지만 현행 국세·지방세 납부 비율 제도하에서는 엄연한 현실이다. 지방 세수의 내용을 들여다보면 대부분 이런 식"이라며 허탈해 했다. 한진중공업은 2007년 지주사인 한진중공업홀딩스를 합쳐 3조 2906억 원의 매출액을 올렸다.

국세 · 지방세의 이 같은 비율 격차는 재정 분권의 족쇄로 작용한다. 이 때문에 전문가들이 자율적 도시 경영이 가능한, 경제적으로 독립된 '도시국가'가 되려면 재정 독립부터 이뤄져야 한다고 지적하는 것이다.

참여정부가 지난 5년 동안 지방 분권에 신경을 썼으나 재정 분권은 달라진 게 없다. 1995년 전국 평균 63.5%였던 지자체의 재정자립도는 2007년에는 53.6%로 떨어졌다. 서울시의 재정자립도만 88.7%로 평균 이상이다. 또 국세와 지방세의 비율도 2002년 76.7대 23.3에서 2007년에는 79.5대 20.5 수준으로 오히려 격차가 더 벌어졌다.

7대 도시 재정 상황 비교

도시	재정자립도(%)	재정자주도(%)	1인당 지방세 부담액 (단위: 천 원)	1인당 자체 수입액 (단위: 천 원)
서울	88.7	93.2	879	1000
부산	60.8	73.5	554	667
대구	61.9	77.4	568	680
인천	67.7	74.6	714	837
광주	50.1	71.4	510	614
대전	67.4	78.6	653	749
울산	63.0	77.0	610	727

2007년 기준

글로벌 부산의 '홀로서기'를 도우라

강성권(부산발전연구원 연구위원) 부산에 살면서도 우리는 세계 도시로서 부산의 잠재력을 너무 모르고 있다. 해양수도 기능을 하고 있는 부산에서 세계 각국, 세계의 각 도시로 연결되는 해운 노선은 301개로 동북아 최대의 컨테이너 서비스 노선을 확보하고 있다. 부산은 부산신항, 김해공항, 대륙횡단철도와 연계된 국제 물류망이 우수하다. 또한 북극 항로가 개설되면 미주와 구주를 연결하는 세계 최적의 물류 입지를 갖게 된다.

게다가 부산은 국가 4대 주력 산업 중 자동차 산업의 36%, 조선 산업의 91%가 집적되어 있는 곳이다. 부산은 철강의 포항, 자동차·조선의 울산, 항만물류·조선기자재의 부산, 기계의 창원, 조선의 거제를 아우르는 동남권 산업 벨트의 중심으로 우리나라에서 세계적 산업 클러스터 형성이 가장 용이한 지역이다.

이렇듯 부산은 세계적인 항만도시의 위상을 확보하고 있으면서도 항만 배후 부지가 부족해 부가가치 창출에 대응하지 못하고 있다. 동북아 통합 교통망 중심 도시인데도 관문 공항이 없고, 시 & 에어 (Sea & Air) 복합 운송 체제가 취약하다. 조선·기계·자동차 산업 등 다양한 산업 클러스터를 보유하고 있으나 산업 용지가 부족해 신성장 동력 산업을 육성해나가는 데 애로가 많다. 인구 1300만 명의 한·일 초광역 경제권의 중심 도시이지만 금융 정보 등 중추 관리 기능이 미약하다.

하지만 부산의 자연 자산은 세계에 내놓아도 전혀 손색이 없다. 바다와 강을 함께 끼고 있는 데다 세계에서도 손꼽히는 아름다운 수변 공간을 가지고 있다.

무엇보다 부산은 접근성이 뛰어난 것이 강점이다. 부산 해운대는 인근에 조성 중인 동부산 관광 단지와 결합되면 엄청난 시너지 효과를 낼 수 있을 것으로 기대된다. 또 주변의 고급 아파트, 주택 단지와 영화 등 영상 미디어 관련 인프라가 융합된다면, 국내 최고의 문화 주거 단지를 만들어낼 수도 있다. 을숙도 철새 도래지는 세계적으로 찾아보기 힘든 생태 자원이다. 1996년에 시작되어 아시아 대표 영화제로 성장한 부산국제영화제는 부산을 넘어 한국의 자랑거리이다.

이러한 잠재력을 살리려면 도시국가와 같은 새로운 도시 경영 시스템이 만들어져야 한다. 세계는 종전의 국가 · 영토 중심의 시대에서 돈 · 사람 · 상품이 도시로 모이는 시대로 바뀌고 있다. 이미 도시 간 글로벌 경쟁이 가속화되고 있어 도시 스스로 경쟁력을 갖추지 못하면 낙오하고 만다. 이런 세계적 흐름에서 부산이 국제적 경쟁력을 가진 도시로 발돋움하려면 도시국가로 가는 길밖에 없다.

이제 중앙정부는 굳게 잡고 있던 끈을 놓아줄 때도 되었다. 아무 미련 없이 놓아주고 난 후 지방 도시들이 어떤 부분에서 허덕이고 있는지를 잘 살펴 모자라는 부분을 중앙이 채워주는 정책을 펴는 것이 바람직하다. 그것이 국가가 할 일인 것이다.

부산과 싱가포르, 홍콩, 두바이는 어떤 것이 같고 어떤 것이 다른가. 항구 도시로서 개방성과 글로벌 의식 등은 비슷하다 할 수 있다. 그러나 결정적으로 부산은 권한 없는 지방정부라는 점에서 그들 도시와 매우 다르다. 부산이 홍콩, 싱가포르처럼 발전하려면 정치적 · 행정적으로 자치권을 보장받아야 한다. 도시가 자체 입법권을 갖는 수준의 자치권이어야 한다. 지방 스스로 홀로서기를 할 수 있도록 시범적으로 부산에 기회를 줘보면 된다. 국가는 부모가 자식을 보호해야 한다는 식의 구시대적 보호 · 양육주의에서 벗어나 과감하게 규제를 풀고 지자체에 대폭적으로 권한을 이양해 스스로 글로벌 경쟁 체제에서 생존할 수 있게 도와줘야 한다.

이명박 실용정부의 국가 비전인 선진 일류 국가를 실현할 수 있는 최적의 도시가 부산이다. 부산이 수도권의 상생 축으로서 초광역 경제권의 중심 역할과 글로벌 항만 도시 기능을 제대로 수행하게 된다면 대한민국 경제의 선진화, 우리 국민들의 삶의 질 선진화를 기할 수 있을 것이다. 부산을 도시국가급의 시범 도시로 지정, 21세기 국가 발전의 새로운 모델을 만들었으면 한다.

OPINION

사람의 흐름을 잡아라

중국의 특별행정구 마카오 코타이 매립지에 세워진 '베네시안'. 800개의 테이블과 6000여 대의 슬롯머신이 들어찬 1층 카지노홀은 그 자체로 큰 구경거리였다. 없는 게임이 없었고 없는 인종이 없었다. 관광객 중 상당수는 컨벤션, 즉 전시나 회의를 하러 온 사람들이다. "이런……", "아이고, 나 미쳐……". 곳곳에서 한국인들의 탄식과 환호를 접하는 것도 어렵지 않았다.

2007년 8월 문을 연 마카오의 '베네시안'은 단순한 카지노가 아니라 객실과 극장, 회의장 등을 두루 갖춘 매머드 복합 리조트이다. 회의장이 무려 108개에 박람회장이 6개다. 이 호텔 PR 팀장인 샹 양핑은 "컨벤션과 카지노, 쇼핑을 한곳에서 해결할 수 있는 게 장점"이라며 "세계인이 우리의 고객"이라고 말했다. 인구 52만 명의 마카오를 찾은 관광객은 2007년 한 해 총 2700만 명(한국인 22만 5400명). 1인당 국내총생산(GDP)은 3만 6000달러로 홍콩을 추월했다. 2007년 경제성장률은 경이적인 27%, 카지노 산업에서 파생된 관광·건설업 등의 호황 덕분이다.

마카오가 도박 도시의 이미지를 지우고 변신할 수 있었던 것은 카지노에 컨벤션과 휴양이라는 날개를 달았기 때문이다. 이른바 '복합(융합) 관광'이다. 최근 아시아권의 도시국가들이 이 같은 고

부가 복합 관광을 선도하고
있다. 보수적 도시국가인 싱
가포르와 도박을 엄금하는
회교국인 아랍에미리트의
두바이도 카지노에 손을 뻗
치고 있다. 카지노를 컨벤션

마카오의 베네시안 카지노와 그 내부

산업의 동력으로 활용하는 것이다.

글로벌 경제를 누비는 미니 도시국가 '마카오'

중국의 특별행정구이자 도시국가인, 인구 52만 명의 마카오는
'폭주 열차'와도 같았다. 카지노라는 엔진과 컨벤션·휴양이란
객실을 갖추고 글로벌 경제를 누비는 열차인 것이다. 경기 호황의
분위기는 쉽게 감지되었다. 하루가 멀다 하고 초고층 빌딩이 쑥쑥
올라가고 있었고 해안 지대는 매립 공사로 부산했다. 시내에선 빈

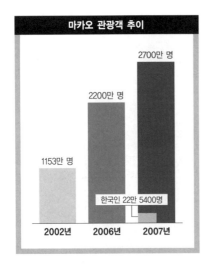

마카오 관광객 추이

2700만 명

2200만 명

1153만 명

한국인 22만 5400명

2002년　2006년　2007년

택시 잡기가 어려웠다. 카지노가 있는 호텔이면 어디든지 밤낮 가리지 않고 손님들이 북적거렸다.

마카오 입국 루트는 크게 세 가지다. 항공 노선과 홍콩의 구룡 반도나 홍콩 섬에서 페리로 가는 방법, 중국 광둥성 주하이(珠海)에서 육로로 들어가는 길이 있다. 주하이－마카오 출입국사무소가 있는 궁베이(拱北) 국경을 하루에도 수만 명이 드나든다. 현지 언론의 통계로는 2007년 약 1200만 명이 이곳을 오갔다고 한다.

마카오 통계조사국에 따르면, 마카오 관광객은 2002년 1153만 명에서 2006년 2200만 명으로 급상승했고 2007년에는 2700만 명에 이르렀다. 세계 관광시장의 블랙홀이라 할 만하다. 이 가운데 한국 관광객은 2006년 16만 2700명, 2007년 22만 5400명을 기록했다. 2008년 2월 말까지 6만 9490명으로, 2007년 같은 기간(4만 2513명)보다 63.5% 늘었다.

마카오가 오늘날에 이르기까지는 중국이라는 거대한 인간 시장이 밑바탕이 되었지만, 자율과 경쟁이라는 자본주의 개념이 접목되었기에 가능했다. 중국 정부는 사회주의 체제인데도 1999년 포르투갈로부터 마카오를 넘겨받을 때 카지노 산업을 쾌히 인정했다. 그 후 카지노 독점권을 풀어 해외 자본을 적극 유치했고, 미국

라스베이거스의 샌즈 그룹을 필두로 갤럭시, MGM, 멜코, 윈그룹 등의 투자를 이끌어내 이른바 '판'을 키웠다. 마카오는 이미 2006년에 69억 달러를 벌어들여 미국 라스베이거스의 총수익(65억 달러)을 따돌렸다.

미니 도시국가 마카오는 여전히 현재진행형의 '카지노 폭주 열차'다.

라스베이거스를 넘보는 '카지노' 도시국가들

마카오의 '폭주'에 주변 국가들은 바짝 긴장하고 있다. 자국민이 마카오 카지노에 돈을 쏟아 부으면서 국부(國富)가 유출되기 때문이다. 자타가 공인하는 '컨벤션 허브' 싱가포르는 도덕국가의 이미지를 벗고 2004년 카지노 리조트 두 곳을 허가했다. 시내 중심가인 마리나 베이에는 카지노 왕 셸던 아델슨이 2009년 1차 완공을 목표로 35억 달러를 투자해 샌즈 카지노 리조트와 금융 센터를 건설 중이다.

두바이는 '바와디 프로젝트'라는 이름을 내걸고 라스베이거스식 대형 복합 리조트를 추진하고 있다. 이 프로젝트는 부산시 면적의 3분의 1, 미국 디즈니랜드 규모의 여덟 배에 달하는 두바이랜드의 여러 테마형 도시 중 핵심 도시로 270억 달러가 투입된다. 말레이시아 켄팅 그룹은 싱가포르의 대표적 휴양 공원 센토사 섬에 34억 달러를 투자해 2010년 완공 목표로 카지노를 세우고 있고, 그동안 카지노에 빗장을 걸어두었던 일본과 대만, 태국도 카지노 건립을 신중히 검토하고 있다.

국내에도 내국인 출입이 가능한 강원도 정선의 '강원랜드'를 비롯해 전국적으로 16개의 외국인 전용 카지노가 있다. 그러나 규모나 운영 면에서 국제경쟁력이 떨어진다. 지난해 국내 카지노의 매출액은 1조 6000억 원, 이용객은 363만 명에 그쳤다.

국내 지자체들은 줄기차게 카지노 허가를 요구하고 있다. 전북의 새만금사업, 인천경제자유구역, 부산진해경제자유구역, 전남 J 프로젝트 등에서 카지노는 단골 요청 메뉴로 등장한다. 국내 16개 외국인 전용 카지노 가운데 8개가 밀집한 제주는 내국인 출입(또는 관광객 전용) 카지노에 목을 매다시피 하고 있다. 그러나 허가권을 쥔 문광부는 여전히 '신중 모드'다.

싱가포르와 홍콩의 야망, 그리고 부산의 선택은?

부산의 한 여행사 대표는 "앞으로 단순한 관광은 매력이 없다. 특히 카지노 없이는 컨벤션 · 휴양 산업이 한계를 가질 수밖에 없다"고 말했다. 컨벤션에다 카지노, 휴양, 쇼핑 등이 결합되는 융합 관광이 대세이며 만약 카지노가 빠질 경우 경쟁력을 갖기 어렵다는 이야기다.

싱가포르는 관광청 산하에 '비티마이스(BTMICE) 본부'를 둘 정도로 복합 관광에 관심을 보이고 있다. 비티마이스는 업무 여행(Business Travel), 기업 회의(Meeting), 포상 여행(Incentive Travel), 컨벤션(Convention), 전시회(Exhibitions)의 첫 글자를 딴 것으로 이 모두를 융합해 하나의 전략 사업군으로 집중 육성하겠다는 포부를 담은 개념이다. 매년 비즈니스 이벤트만 5000개 이상 열고 있는 싱가포르는 2008년에도 싱가포르 에어쇼, 국제관광박람회, 2008 포뮬러원(F1) 싱텔 싱가포르 그랑프리 등 굵직한 국제 행사를 예약해놓고 있다.

2008년 2월 홍콩 정부는 세계 컨벤션 업계가 깜짝 놀랄 만한 계획을 발표했다. 호텔 전용 부지를 총 열 군데나 지정하고, 연간 470억 홍콩달러(5조 8891억 원) 규모의 호텔 숙박업 세금(3%)을 폐지하기로 한 것이다. 또 국제회의, 전시, 관광 분야 활성화를 위해 향후 5년간 150억 홍콩달러(1조 8795억 원)를 지원하기로 했다. 2008년 4월부터는 법인세(16.5%), 소득세(15%)도 감면했다. 시장 선점을 위한 홍콩식 '통 큰' 행정의 단면이다.

눈을 부산으로 돌리면 불안과 희망이 교차한다. 부산에도 '복합 관광'을 펼칠 터는 닦여 있다. 대표적인 곳이 동부산 관광 단지와 부산진해경제자유구역인 진해시 웅동 지구다. 그러나 계획만 화려할 뿐 구체적인 사업 진행은 더디기만 하다.

부산시가 1999년부터 추진해온 동부산 관광 단지(기장군 일대 364만 ㎡)는 토지 보상까지 마치고도 9년이 지나도록 사업자를 선정하지 못하고 있다. 부산진해경제자유구역청은 경남도와 함께 준설토 투기장이었던 웅동 지구 235만 5000㎡에 민간 투자 방식으로 2011년까지 골프장, 콘도, 카지노, 해양 레저 시설 등을 갖춘 복합 관광 레저 단지를 건립할 계획을 추진 중이지만 뚜렷한 성과는 없다.

물론 관점을 조금 달리해서 본다면 희망적인 요소도 발견할 수 있다. 대표적인 것이 해운대의 벡스코다. 벡스코는 부산 지역 전시 컨벤션 산업의 활로를 열고 있다. 벡스코는 2007년에 총수익 164억 원, 당기순이익 5억 원의 경영 성과로 5년 연속 흑자를 달성했다. 또 국제회의를 47건 열어 부산을 아시아 8위의 국제회의 개최 도시로 끌어올렸다. 벡스코는 2015년에는 부산을 세계 10위권의 국제회의 개최 도시로 만든다는 비전을 세우고 시설 확충을 서두르고 있다.

동부산권 개발 프로젝트도 크게 보면 동남권의 희망이다. 해운대 관광 특구와 동부산 관광 단지, 원자력의학원을 포함한 과학기술 의료 단지, 해양 공원과 리조트 등이 어우러지면 '관광+의료+휴양' 을 패키지로 하는 고부가가치의 복합 관광 산업의 부흥을 기대할 수 있다. 장기적으로 부산─경주를 포괄하는 동남권 과학 비즈니스 특구 건설도 꿈만은 아니다. 이 모두가 인류(人流: 사람의 흐름)를 잡는 일이며, 그 첩경이 '도시국가 전략' 이라고 전문가들은 말한다.

관광 도시국가 홍콩의 파워는
어디서 나오는가?

INTERVIEW

신시아 렁(홍콩관광진흥청 총경리) 홍콩 관광의 힘은 재창조와 발 빠른 변신이다. 세상이 변한다 싶으면 누구보다 먼저 '통 큰' 변화의 모습을 보여준다. 2008년 2월 우리 돈 5조 8000억 원 규모의 호텔숙박업 세금을 완전 폐지한 것이 실례다. 민관의 튼튼한 파트너십도 부러운 요소다. 이런 것들이 홍콩의 경쟁력으로 작동한다.

홍콩 섬에서 홍콩관광진흥청의 대외홍보부 신시아 렁 총경리를 만나 홍콩 관광의 현주소와 전략에 대해 들어봤다.

■ **홍콩에 한국인은 얼마나 오는가?**

"2007년 한 해 87만 6000명이 왔다. 지난해보다 22%가 늘었다. 한국 관광객 중 67%는 홍콩에서 하룻밤 이상 묵고 간다."

■ **전체 관광객은 얼마나 되고 관광 수입은 어느 정도인가?**

"2007년에 2816만 명이 왔다. 지난해보다 11.6% 증가했다. 중국인이 전체의 55%를 차지한다. 한국과 필리핀 관광객 증가세도 두드러진다. 관광 수입은 지난해 기준 약 1300억 홍콩달러(약 13조 2000억 원)로 집계되고 있다."

■ **마카오가 뜨는 것이 홍콩에도 득이 되나?**

"당연하다. 마카오는 홍콩달러가 그대로 통용된다. 상호 협력하에 공동 마케팅도 펴고 있다."

■ **2008년 관광 목표와 전략은?**

"중동, 인도, 러시아 등 국가별로 19개 신흥 시장을 분류, 마케팅을

하고 있다. 박람회도 더욱 활성화하려 한다. 베이징올림픽 때는 승
마 경기가 홍콩에서 열린다. 관광객이 늘 것으로 본다."

■ 부산 시장(市場)을 어떻게 보는가?

"우리에겐 매우 중요한 시장이다. 홍콩 항공사인 드래곤에어가 매
일 취항하고 있다. 객석 점유율이 70%로 높다고 한다. 앞으로 관
광 설명회와 팸 투어(Familiarization Tour)도 계획하고 있다."

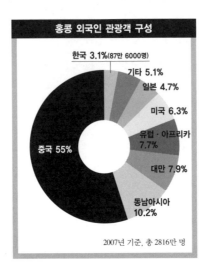

홍콩 외국인 관광객 구성

한국 3.1%(87만 6000명)
기타 5.1%
일본 4.7%
미국 6.3%
유럽·아프리카 7.7%
대만 7.9%
동남아시아 10.2%
중국 55%

2007년 기준, 총 2816만 명

도시 경쟁력, 휴먼 캐피털에서 나온다

2008년 초 싱가포르의 한 유력 일간지는 자국 내 투자 은행들이 글로벌 영업 능력을 갖춘 금융 전문 인력을 신규로 뽑으려고 해도 사람이 모자라 해외 모집을 할 수밖에 없는 현실을 보도했다. 세계은행 발표 '맨파워(인력) 지수' 1위에 올라 있고 대학 졸업생의 100%가 자유로운 영어 구사 능력을 가진 세계 최고의 '인재 국가' 싱가포르가 일할 사람을 못 구해 해외에서 조달해야 할 상황이라니 그저 부러울 따름이다.

이에 비하면 부산은 고급 인재를 찾는 글로벌 기업도, 그러한 인재가 발붙일 자리도 없다. 말하자면 '인재 공동화'다. 부산이 국제경쟁력을 가진 '도시국가'로 진화하려면 '인재 육성'이 무엇보다 시급한 과제로 꼽히고 있다. 인적 자본, 즉 '휴먼 캐피털'을 기반으로 '브레인웨어(Brainware)'가 강한 도시가 될 때 진정한 도시 경쟁력을 가질 수 있다.

싱가포르의 맨파워 전략

오늘날 싱가포르의 경쟁력은 인재 정책에서 나온다 해도 과언이 아니다. 싱가포르는 1998년 일찌감치 '맨파워21 국가 비전'을 통해 '생각하는 학교(Thinking School)'와 '배우는 나라(Learning Nation)'

를 공식 선언했다. 아울러 2003년에는 향후 15년의 국가 전략을 담은 '비전 2018 보고서'를 발표, 국가 차원에서 차세대 서비스ㆍ지식 산업에 적합한 핵심 인재를 발굴하고 있다.

이 같은 정책을 통해 싱가포르는 교육 산업의 GDP 비중을 2002년 1.2%에서 2010년 3.5%까지 높이고, 고급 해외 인력을 유치해 인구도 현재 450만 명에서 오는 2015년 650만 명까지 늘릴 방침이다. 인재로 새로운 싱가포르를 건설하겠다는 전략이다.

싱가포르에는 자국의 대학이 많지 않다. 싱가포르국립대학(NUS)과 난양공과대학(NTU), 싱가포르경영대학(SMU) 등 단 세 곳뿐이다. 그러나 NUS는 영국의 〈더 타임스〉가 매년 선정하는 세계 200대 대학 순위에서 2006년 18위, 2007년 33위에 올랐고, NTU는 50위권을 달린다. 한국의 대학 중에는 100위 안에 들어간 곳이 서울대 한 곳뿐이다.

싱가포르 국민들의 대학 진학률은 25%로 한국의 82%에 비해 현저히 낮다. 그런데도 어떻게 세계 맨파워 지수 1위를 유지하고 실업률 2.1%라는 사실상의 '완전 고용'을 유지할 수 있을까. 싱가포르의 일간 영자지 〈더 스트레이츠 타임스〉에서 10여 년간 교육 담당 기자로 재직 중인 산드라 데이비 차장기자는 "초등생부터 영어와 모국어에 능통하도록 이끄는 탄탄한 공교육을 바탕으로 굳이 종합대학에 진학하지 않더라도 수많은 기술전문학교와 직업학교 등에서 실무에 바로 쓰일 수 있는 현장 중심 교육을 받기 때문"이라고 말했다.

한편 유럽의 하버드 경영대학으로 불리는 에섹(ESSEC: 프랑스 경영대학원)의 싱가포르 분교에서 근무하는 크리스티앙 학장은 흥미로

프랑스 경영대학원 에섹의 싱가포르 분교 강의실

운 이야기를 해주었다. "왜 이곳에 왔느냐"는 질문에 그는 "싱가
포르가 아시아 비즈니스 1번지 아니냐? 게다가 싱가포르 정부에
서 먼저 각종 행정적 · 재정적 지원을 약속하며 유치를 제안해서
오게 되었다. 부산은 조선 · 기계공학 · 물류 분야가 강점 아닌가.
도시의 강점을 특화할 수 있는 이들 분야의 외국 대학 유치에 나
설 필요가 있다"고 밝혔다.

홍콩의 자율과 경쟁

홍콩 또한 인재 육성 전략에서 둘째 가라면 서러워한다. 홍콩의
실권자 도널드 창(曾蔭權) 행정장관은 홍콩 경쟁력의 원천을 '교육
과 경쟁'이라고 강조한다. 경쟁력을 갖춘 국제화 교육이 오늘의
홍콩을 만들었다는 것이다.

홍콩 정부의 교육 예산은 1997년 이후 무려 50%나 늘어, 2007

년 기준 570억 홍콩달러(약 6조 8000억 원)에 달했다. 이는 정부 전체 예산의 23%로 단일 부문 예산으로는 가장 큰 비중을 차지한다. 이 예산은 제3차 교육(중등 교육에 이은 '직업 및 비직업 교육'의 총칭)과 대학 경쟁력 강화에 집중 투입된다.

경쟁과 자율을 보장하면서 철저한 품질 관리를 하는 것도 홍콩 교육의 특징이다. 모든 학교의 교육 목표는 철저히 국제 인재 양성에 맞춰져 있다. 홍콩에는 대학을 제외하고 56개 국제학교가 있으며 약 3만여 명이 재학 중이다. 국제학교의 수업은 100% 영어로 이루어진다.

홍콩의 홍콩대학과 중문대, 홍콩과학기술대는 세계 우수 대학 순위에서 늘 상위 50위 안에 들어가는 명문이다. 간부급 경영자를 양성하는 경영대학원(EMBA)의 경우 홍콩과학기술대가 미국 펜실베이니아대, 와튼스쿨을 제치고 세계 1위를 차지한 적도 있다. 21세기를 교육 경쟁의 시대라고 한다면, 홍콩은 그러한 시대 흐름을 간파하고 확실하게 실천으로 보여주고 있는 셈이다.

부산에 남으면 희망이 없다?

반면 부산의 인재 현실을 돌아보면 씁쓸해진다. 한국직업능력개발원이 최근 지역 인재의 수도권 유출 현황을 조사한 자료(2004년 대학 입학생 및 졸업생 기준)를 보면, 지역의 고등학교 졸업생 중 수도권 대학 진학 비율은 전체의 10.4%였다. 이들 수도권 진학 학생들의 수능 평균 점수는 200점 만점에 143.5점으로 전국의 지방 출신 수도권 진학생들의 평균 점수 136점보다 높다. 이들 부산 출신 수도권 대학 진학생들의 92%는 수능 성적이 30% 이내의 상위권

학생들이다. 고득점 학생의 부산 이탈을 극명하게 보여주는 통계다. 물론 이들이 대학 졸업 후 지역으로 돌아온다면 큰 문제가 되지 않을 수 있다. 그러나 지역 출신 수도권 대학 진학생들의 85.3%가 졸업 후 수도권에서 일자리를 구하는 것으로 나타났다. 출신 지역 회귀율은 9.5%에 불과했다.

왜 수도권으로 가야 했을까. 지난해 서울의 중위권 사립대에 아들을 입학시킨 김재형 씨는 "부산의 국립대에 장학금을 받고 갈 수 있었는데 본인이 극구 서울행을 고집했다. 부산에 남으면 희망이 없다는데 어쩌겠나. 학비가 좀 비싸더라도 보내줄 수밖에 없다"고 얘기했다.

부산의, 부산을 위한, 부산에 의한 인재 만들기

싱가포르와 홍콩 등 부산이 경쟁 상대로 생각하는 도시들과 비교할 때 부산은 도시 차원의 인재 육성 전략이 사실상 없다. 추진 주체가 없으니 전략이 있을 리도 만무하다. 2004년 지역 대학 총장들이 중심이 되어 설립한 재단법인 부산인적자원개발원이 그나마 의욕적으로 인재 전략을 도출하는 연구기관으로 기능하고 있을 뿐이다. 하지만 부산시와 교육과학기술부로부터 예산을 지원받는 이곳의 상주 연구원은 원장을 포함해도 모두 7명에 불과해 턱없이 모자라는 실정이다.

부산시의 인적 자원 자료도 허술하기 짝이 없다. 지역에서 매년 배출되는 박사급 인력이 어디 가서 무슨 일을 하는지조차 파악되지 않고 있다. 부산인적자원개발원 김경원 연구원은 "2006년 부산에서 661명의 박사가 나왔고 2000년 이후 4186명의 박사가 배

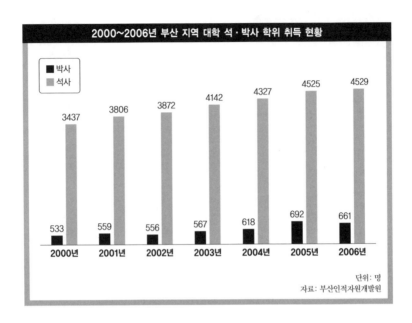

2000~2006년 부산 지역 대학 석·박사 학위 취득 현황

■ 박사
■ 석사

연도	석사	박사
2000년	3437	533
2001년	3806	559
2002년	3872	556
2003년	4142	567
2004년	4327	618
2005년	4525	692
2006년	4529	661

단위: 명
자료: 부산인적자원개발원

출되었다는 정도만 파악된다"며 인적 자원 관련 자료 확보가 시급하다고 밝혔다.

반면 싱가포르는 NUS와 NTU, SMU 등 3개 대학교 학생이 입학 순간부터 졸업 후까지 네트워크상에서 철저히 관리되고 있다.

부산을 거쳐간 인재들을 '친(親)부산화' 하는 전략도 간과할 수 없는 부분이다. 예컨대 한국 최고의 과학 영재들이 모이는 한국과학영재학교(부산진구 당감동 소재)의 졸업생들을 해외나 타지로 그냥 떠나보낼 게 아니라, 네트워크를 구축해 향후 부산에 도움이 될 수 있는 방향으로 관리를 강화해야 한다. 이들이 대학 공부를 마치고 부산으로 돌아오면 더 바랄 게 없다.

인재는 지역 발전을 위한 가장 중요한 사회적 자본이자 지역의 체력을 유지, 발전시키는 '모세 혈관' 이다. 전문가들은 이제라도

지역의 민·관·산·학·연이 합심해 인재 육성 전략의 밑그림을
그려야 한다고 강조한다. 도시국가로 가는 길은 바로 여기서 출발
한다.

교육은 비즈니스다!

리신스키(홍콩 한국국제학교 영어 과정 교장) 홍콩 국제화 교육의 핵심은 '국제학교'다. 1960년대에 홍콩이 국제 금융 중심지로 성장하면서 각국의 홍콩 거주 교민들이 주체가 되어 국제학교를 설립, 현재 56개가 각각 특색 있게 운영되고 있다. 홍콩에 한국국제학교가 본격 운영된 것은 1993년 2월. 홍콩 정부가 학교 부지를 50년간 무상 임대해주면서 이듬해 49명 5학급이 출범했다. 이로써 한국 및 홍콩 정부가 공히 인정하는 특수한 지위의 국제학교가 탄생했다. 홍콩교민회가 운영에 관여하며 교장(조동우)은 한국 교육과학기술부 공무원이다. 현재 홍콩에서 '중상' 정도의 위상을 지니며 한국어 과정(초·중·고 140명)과 영어 과정(초·중·고 310명)으로 나뉘어 운영되고 있다. 조동우 교장의 소개로 그곳 영어 과정 교장인 리신스키 씨를 만났다.

■ **언제 부임했는가?**

"2007년 5월에 스카우트되어 왔다. 내 고향은 캐나다이고 아내는 싱가포르인이다. 홍콩에 온 지 13년째다."

■ **영어 과정의 커리큘럼 특징은 무엇인가?**

"영국 교육 과정을 따른다. 초·중등의 경우에는 주로 케임브리지대에서 제공하는 교재를 쓰고 있다."

■ **어떤 학생들이 이곳에 다니는가?**

"한국, 홍콩, 스웨덴, 미국 등 20여 개국 학생들이 등록되어 있다."

■ **홍콩 국제화 교육의 경쟁력은 뭐라고 보는가?**

"여기선 교육이 비즈니스다. 국제학교는 영리를 추구하는 회사와 같다. 성과가 좋지 않으면 도태된다. 이 점에선 싱가포르가 더 경쟁력이 있다고 본다. 그곳에 근무한 적이 있는데 교육 프로그램이 매우 체계적이었다."

■ 한국에도 인천 송도에 곧 국제학교가 문을 연다. 스카우트하면 올 의향이 있는가.

"(웃음) 관심이 있다. 그런데 한국은 물가가 비싸지 않나? 조건만 맞으면 갈 수도 있다."

INTERVIEW

부산의 미래를 말한다
－세계적인 전문가들의 부산 컨설팅

　세계의 석학, 도시개발 및 정책·설계 전문가들이 보는 부산의 오늘과 내일은 어떤 모습일까. 2008년 4월 15일 부산 해운대 그랜드호텔에서 이를 엿보게 하는 뜻 깊은 국제회의가 열렸다. 부산발전연구원과 한양대 도시대학원, 글로벌도시포럼, 미국 미시간주립대 등이 공동 주최한 이 국제회의에는 8개국 35명의 국내외 전문가가 참석했다. 부산시, 부산도시공사, 한국토지공사, 부산항만공사 등 도시 계획 및 정책 집행 기관들이 함께 꾸민 이 행사는 부산에 대한 민관 합동 도시 컨설팅이라는 의미를 가져 더욱 관심을 모았다.

"부산은 복 받은 도시"
　이 행사에 참가한 호주국립대 경제지리학과의 피터 림머 명예교수는 "부산의 큰 장점은 항만이지만 최근 환적항 기능을 대폭 확충한 칭다오와 톈진 등 중국 항구들의 약진으로 그 입지가 위협받고 있다"며 새로운 전략을 주문했다.
　림머 교수는 "부산은 신항을 중심으로 가까운 일본의 환적항 기능을 할 수 있을 것이다. 게다가 중국 항만들보다 질 높은 항만 서비스를 제공하면 상당한 경쟁력을 가질 수 있다"는 조언도 아끼지 않았다. 그는 또 "한 팔만 쓰는 복서는 양팔을 다 쓰는 선수를 이기기 힘들다. 항만 하나에 의존해서는 안 된다. 대형 국제공항과 연계한 '멀티―포트'가 시대적 대세"라며 조속한 신공항 건설의 필요성을 역설했다.

인천과 싱가포르, 말레이시아 등의 항만 개발 사업에도 참여한 적이 있는 림머 교수는 아시아 태평양 지역의 도시개발 전략에 기여한 공로를 인정받아 영국 여왕으로부터 작위를 받은 세계적인 권위자이다.

이번 국제회의의 공동 주최자인 미국 미시간주립대의 마크 윌슨(도시계획·설계대학원 부학장) 교수는 부산의 대규모 수변 공간 개발 가능성에 주목했다. 그는 "수변 공간을 갖춘 글로벌 도시는 많지 않다. 부산은 복 받은 도시다. 이를 활용하려는 부산시의 도시 개발 계획이 인상적"이라고 밝혔다. 부산의 '도시국가화 전략'에 대해 윌슨 교수는 "삶의 질을 높인다는 차원에서 크게 봐야 하며, 워터프론트의 경우 도시가 잘 만들어 활용하면 경제적으로 도움이 된다"고 주장했다.

회의에 참석한 미시간주립대 도시계획·설계대학원의 한국 프로그램 담당 교수인 아이린 심 소장은 "연방제로 분권과 자치를 폭넓게 향유한 미국에서는 요새 '지역'이 화두"라면서 부산도 인근 지역(경남·울산)과 손잡고 세계와 경쟁하는 방향으로 가야 한다고 말했다. 심 교수는 "도시국가 수준의 자율과 경영권을 갖기 위해서는 부산시민이 뭔가 선택해야 한다. 중앙이 뭔가를 해줄 때까지 기다릴 것인지, 시민이 끊임없이 요구하고 권리를 주장하며 싸워서 획득할 것인지는 시민들이 선택할 몫"이라고 말했다.

미시간주립대에 객원연구원으로 가 있는 정현민(행정학 박사) 국장은 "21세기는 글로벌, 지식, 네트워크의 세 가지 키워드로 정의할 수 있다"며 "사람과 물자, 돈이 자유롭게 흐르게 하고 행정은 이를 종합적으로 지원하는 형태로 가야 한다"고 말했다. 그는 또 "초대형 다국적 물류 기업인 페덱스가 필리핀 수빅에 들어가 세상을 바꿔놓고 있다"면서 "글로벌 시대에는 기업 유치 전략도 달라져야 한다"고 지적했다.

공항-항만 연계는 필수

행사 참가자들은 포럼의 연장선상에서 부산신항과 자갈치시장, 용두산공원, 북항을 돌아보는 현장 탐방을 했다. 첫 번째 방문지는 부산신항이었다. 부산발전연구원 허윤수 박사가 신항 및 배후 물류 단지의 개요에 대해 간략하게 브리핑했다. 외국의 학자들은 부두의 운영 주체에 관심을 보이며, 향후 30개 선석이 들어섰을 때 항만 서비스 및 마케팅 능력을 높여야 항만 효율성이 살아날 것이라고 지적했다.

홍콩대 물류학과의 베키 루 교수는 "인근 경제자유구역의 외국인 기업 투자 유치를 위한 인센티브를 보다 명확히 하고 더 적극적으로 홍보할 필요가 있다. 또한 국제 화물 기능을 갖춘 대규모 공항과 신항만의 연계는 선택이 아닌 필수 사항"이라고 말했다.

이어 방문한 강서조정경기장의 전망대에서 서낙동강 일대의 광활한 대지를 조망한 외국 학자들은 "환상적이다. 마치 백지에 이제 막 밑그림을 그리는 화가의 마음처럼 흥분이 된다"는 반응을 보이기도 했다.

포럼 참가자들의 부산신항 방문

아이린 심 소장은 "부산은 아직까지 때 묻지 않은 강서구의 5600만㎡가 넘는 대지를 갖고 있고 강과 바다가 만나는 천혜의 해안 경관까지 갖고 있다는 점에서 세계 최고의 기회의 땅"이라고 평하기도 했다. 이어 그는 "이것은 곧 부산의 기회이자 한국의 가능성이 될 것이며 이를 현실로 만드는 데 일조한다는 측면에서 우리 외국 교수들에게도 좋은 기회"라고 강조했다.

인접 도시와 함께 오사카 이상의 경제권으로!

내항 순시선을 타고 부산북항을 둘러본 독일 하펜시티대의 슈베르트 더크 종신교수는 "부산을 통째로 맡긴다면 어떻게 개발하겠느냐"는 질문에 "지리적으로 부산은 한국뿐만 아니라 아시아의 관문이 될 만하다. 우선은 물류 허브로 개발할 수 있겠다. 또한 샌프란시스코나 리우데자네이루보다도 아름다운 해안 경관을 가졌기 때문에 이 부분에 대한 친환경적 개발도 필요하다"고 말했다. 그는 특히 "부산은 낙동강 권역의 경남과 울산, 경북, 대구권까지 아우르는 광역화도 고려해볼 만하다. 이 경우, 인구가 1500만 명에 육박해 일본의 오사카권을 능가하는 경제 단위가 되며 규모 면에서 웬만한 도시국가를 능가하게 된다"며 보다 큰 그림을 그릴 것을 주문했다. 기존 부·울·경 통합 논의를 뛰어넘는 발상이다.

부산이 도시국가로 발전할 가능성 등에 대해 더크 교수는 "중앙 정부와 인근 지역을 설득하는 것이 중요한데 무조건 '부산을 위해 양보하라'는 식은 안 될 것"이라고 조언했다. 대신에 그는 "부산의 발전이 국가적으로나 인근 지역의 발전을 위해 필수적이라는 논리를 개발해야 하며 부산이 먼저 중앙정부나 인근 지역에 어떤 혜택을 줄 수 있는지를 보여줘야 한다"고 말하기도 했다.

미시간주립대의 도시계획·설계대학원 에릭 스트라우스 교수는 "부산은 바다와 강을 함께 끼고 있는 데다 세계에서도 손꼽히는 아름다운 수변 공간을 가지고 있다. 특히 뛰어난 접근성이 강점이다. 하지만 부두로와 철도 부지가 이 같은 접근성을 훼손하고 있어 아쉽다"고 안타까움을 피력했다. 일본 츠쿠바대의 오무라 겐지로 교수는 "북항 재개발 프로젝트와 원도심 재개발 사업의 연계가 중요한데 원도심 지역은 부산의 역사성과 문화성을 마케팅할 수 있는 '문화 코어'로 발전시킬 필요가 있다"고 그 나름의 독특한 아이디어를 제공했다. 그는 "특히 이곳에 인근 지역과 외국의 젊은 문화 예술가들을 끌어들여 문화·예술·영상·디자인·패션 등 창조적 고부가가치 문화 사업을 영위할 수 있도록 인센티브를 제공하고 이 지역을 부산 정체성의 알림 터로 삼으면 좋겠다"

고 덧붙였다.

부산의 경쟁 상대는 세계

현장 방문을 마친 포럼 참가자들은 국제회의가 열리고 있는 해운대 그랜드호텔로 복귀해 곧바로 분과별 토의에 돌입했다. 이날 분임 토론에서 참석자들 대부분은 강서구 일대 개발과 관련해서는 그린벨트 해제 문제와 각종 보호 구역 재조정 등이 모두 중앙 정부의 결정에 좌지우지된다는 사실에 대해 머리를 갸우뚱했다. 마크 윌슨 미시간대 도시계획·설계대학원 부학장은 "부산의 경쟁 상대는 세계의 도시들이다. 그런데 국내의 각종 제도적 문제에 발목 잡힌다는 것은 난센스다. 스피드를 내기 위해 액셀러레이터를 밟아야 하는데 브레이크가 걸리는 형국"이라며 안타까워했다.

글로벌도시포럼 회장이자 한양대 도시대학원장인 원제무 교수는 "한국의 그 많은 도시 중에서 부산을 포럼의 첫 번째 연구 대상으로 선정한 것은 그만큼 부산이 글로벌 도시로 성장할 가능성이 높기 때문"이라고 설명했다.

동남권이 가야 할 길

동남경제권 통합 논의는 부분적으로 진척을 보이고 있다. 2008년 4월 부·울·경 3개 시·도의 발전연구원이 머리를 맞대 공동 용역을 시작했고, 앞서 3월 말에는 주력 산업, 전문 인력 풀 구축에 관한 내용을 담은 '동남경제권 경제 발전을 위한 협력 조례'를 제정하기로 합의했다. 얼마 전에는 또 3개 시·도가 첨단 의료 복합 단지를 공동

유치하기로 했다.

부·울·경은 2004년부터 동남권 협의체를 구성해 공동 발전 방안을 모색해왔다. 그 결과 해외무역사무소 공동 이용과 순회 채용 박람회 개최, 광역 데이터베이스 공동 이용 등의 성과를 낳았다. 그러나 광역 본부 등 경제권의 중심 기능을 어디에 두느냐를 놓고 신경전이 벌어지고 있으며, 신공항의 입지에 대해서도 부·울·경은 동상이몽을 꾸고 있다.

유럽연합(EU)의 통합 과정을 잘 아는 독일 베를린자유대 박성조 종신교수(동아대 석좌교수)는 "동남권 통합은 지자체의 주권 포기와 규제 철폐가 전제되어야 가능하다"면서 "적당히 결합하면 부채만 함께 끌어안는 꼴이 된다"고 말했다. 그는 또 "도시국가 논의도 경제적 뒷받침이 되어야 힘을 얻을 수 있으며 많은 토론이 필요하다"고 지적했다.

부산상공회의소 정책자문위원장인 서의택 부산대 석좌교수는 "부산도 변화의 모멘텀을 만들어야 한다"면서 "기다리고만 있어서는 망한다. 기업이 자기 일을 찾듯 목표를 세워 하려고 할 때 정부도 도와줄 것"이라고 했다. 중앙도시계획위원장이기도 한 서 교수는 "핵심 전략 산업은 한두 개에 집중해야 하며, 경제적 파급 효과가 큰 국제적 기업 유치에 행정력을 모았으면 한다"고 덧붙였다.

부산발전연구원 허윤수 박사는 "대선 공약 사업인 '두바이형 포트-비즈니스 밸리'가 제대로 활성화되려면 두바이처럼 법인세 50년 면제, 외국인 고용 및 외환 거래 자유, 외국인 소유권 인정 등의 파격적 인센티브가 제공되어야 한다"고 지적했다.

도시국가론의 출구

4

부산은 도시국가가 될 수 있을까?

"도시국가? 그거 정말 가능한 이야기냐? 꿈꾸는 거 아니냐?"

부산 발전 담론으로 제기된 '도시국가론'에 대한 혹자들의 의문이다. 꿈? 맞다. 그런데 꿈은 이뤄지라고 있는 것 아닌가. 더욱이 허황된 꿈이 아닌, 새로운 상상력과 비전을 갖는 꿈이라면 반드시 꾸어야 한다. 외부로부터 상상력이 부족하다는 소리를 듣는 부산으로선 더욱 그렇다.

도시국가는 그동안 부산이 한 번도 꿈꿔보지 못한 영역이다. 서울의 그늘에 가려 빛을 잃은 대한민국의 제2도시, 행정적 분권과 경제적 자유가 제한받아온 항만도시, 껍데기만 화려한 물류중심도시……. 도시국가론은 부산의 이러한 제약과 한계를 극복해보려는 내적 자구책이자 외적 도전이다. 기존에 제기된 해양중심도시, 해양수도, 세계도시 등이 조용한 도시발전 전략이라면, 도시국가론은 구체적인 변화 모멘텀을 갖는 지역 발전 담론이다. 도시국가로 나아가면 지방 분권, 참여 자치 운동의 틀을 넘어 새로운 도시 창조, 지역 개조가 가능하다.

다시 질문을 던져본다. "부산은 도시국가가 될 수 있는가?"

"있다"는 것이 지금까지의 접근이었고 전문가들 사이에 이뤄진 논의의 결과다. 단, 발상의 대전환과 새로운 논리 무장, 도전 의지가 전제되어야 가능하다. 인구와 산업 규모, 도시의 교통·물류 인프라, 문화 활동, 국제 교역의 지리적 요충지, 주변 도시와의 관계 등을 고려할 때 부산은 도시국가로 발전할 수 있는 최적의 도시라고 할 수 있다. 그것이 부산발전연구원의 1차 진단 결과이다.

도시국가로 가려면 기존에 부산이 갖고 있던 비전과 발전 전략을 수정해야 한다. 도시의 외피를 화려하게 하는 해양특별시니 세계도시니 해양중심도시니 창조문화도시니 하는 개념에서 벗어나 전혀 새로운 틀의 지역 발전론으로 접근해야 한다. 도시국가란 한 도시가 정치적 자치, 경제적 자율, 완전한 모습의 시민사회 공동체를 이루는 '국가'나 다름없는 형태이기 때문이다. 이는 지방자치와 지방 분권의 개념을 뛰어넘어 연방제를 향해 중대한 발걸음을 옮기는 과정이다.

그렇다고 도시국가가 초월적 정치 체계나 국가만을 뜻하는 것은 아니다. 국가라는 이름이 붙었다고 해서 완전한 독립을 꾀한다든지, 자위권을 갖는 식이 아니라는 말이다. 초점은 어디까지나 '경제적 자율'에 맞춰져 있으며 이를 위한 정치적·사회적·시민적 자치와 자유가 필요하다는 것이다. 뉴욕을 보면 겉으로는 미국 연방에 속한 하나의 대도시이지만, 형태는 도시국가처럼 돌아간다. 웬만한 국가보다 훨씬 역동적이다. 독일의 연방들도 도시이면서도 국가 형태로 운영되고 있다. 국가라는 틀 안에서도 얼마든지 자치와 자주, 자율을 추구할 수 있다는 이야기다. 그것이 오늘날의 도시국가다. 대한민국 제2의 도시 부산이 이러한 도시국가가 못 될 이유가 없다.

'도시국가 부산'을 위한 논리

　도시국가라는 원대한 비전과 이상을 실현하려면 현실적인 문제를 성찰하며 전략적으로 접근해야 한다. 실행 전략은 단기적 과제와, 법적·제도적 장치를 포함하면서 시민사회의 변화와 변혁을 필요로 하는 중장기적 과제가 있을 수 있다. 구체적이고 치밀한 목표와 전략을 세우고 시민적 공감대 속에서 이를 풀어나가는 자세가 중요하다.

　단기적 접근 방안은 국가의 사회적 현안에 도시국가론을 접목하는 것이다. 전국적 행정 구역 개편 및 헌법 개정 논의 마당에 도시국가론을 불쏘시개로 활용할 수 있다. 도시국가가 갖는 분권 자치적 가치와 비전은 의미 있는 논의 과제가 될 수 있다. 국토 균형 발전과 배치되는 수도권 규제 완화에 대한 지방의 외침 또는 방어적 논리 개발에도 도시국가론이 유효하게 쓰일 수 있다.

　로마가 하루아침에 만들어지지 않았듯이, 도시국가도 치밀한 계획과 전략을 세워 중·장기적 과제로 추진하는 것이 바람직하다. 도시국가로 간다는 공감대가 형성되면 먼저 경제적·사회적으로 4무(무비자, 무규제, 무관세, 무언어장벽) 실현을 위한 실체적 로드맵을 만들어야 한다. 이것만 해도 보통 어려운 과제가 아니다. 예를 들어 무규제, 특히 노동·환경 분야의 무규제는 노조 운동의 저하, 환경

훼손 우려로 이어질 수 있기 때문이다. 국제화가 가속되고 있는 상황에서 신자유주의 문제를 어떻게 바라보느냐 하는 것도 과제로 대두된다. 무언어장벽은 장기간의 지속적 투자를 요한다.

이를 위해서는 특별법 등 법적 · 제도적 장치가 강구되어야 하고, 지역 간 · 도시 간 연대가 모색되어야 한다. 보다 근본적으로는 분권형 광역정부, 연방제로 가는 헌법 개정이 필요할지도 모른다.

그렇다면 부산은 무슨 논리를 내세울 것인가. 도시국가로 나아가기 위한 논리 무장이 되지 않으면 어떤 것도 무의미하다. 생각해볼 수 있는 몇 가지 접근 방안은 기존의 지방 분권 논리를 확장하는 차등분권론과 연방제 국가 전략, 현재의 광역경제권을 내실 있게 운영하는 방안 등이다.

차등분권론은 전국에 공통되는 분권 과제를 풀어나가되 부산의 특성, 즉 국제자유도시와 같은 차별화된 특화 전략을 가져가는 논리이다. 도시국가가 되기 위한 전제 조건이 지방자치이고 그 수단을 지방 분권이라 한다면, 이는 외면할 수 없는 과제다. 제주도에 적용되고 있는 제주특별자치도가 차등분권론의 대표적 사례라 할 수 있고, 부산을 국제자유도시로 만들겠다는 것도 사실 차등분권론에 따른 발상이다.

연방제는 도시국가로 가는 가장 확실한 방안이다. 국가 권력이 중앙정부와 주정부(광역정부)에 동등하게 분배되는 연방제는 고도의 자치와 분권을 전제로 한다. 정치권 일각의 논의는 실현 가능성과 상관없이 국가 개조의 원대한 비전이라는 측면에서 관심을 얻고 있다. 그러나 자치 학습이 잘 되어 있지 않은 한국의 상황에서 너무 앞서가는 주장이라는 견해도 있다.

현실적으로는 이명박 정부의 주요 지방 정책인 '5+2 광역경제권'이라는 그릇에 도시국가 전략을 담아 '광역정부' 또는 '지역형 국가' 형태를 만드는 방안이 있다. 이 경우, 중요한 것은 도시국가가 추구하는 의미와 콘텐츠를 담아내는 일이다.

이러한 논리들이 따로따로 논의될 것이 아니라 서로 보완되고 결합되는 형태가 바람직하다. 한국형 도시국가 모델은 이제 겨우 논의의 물꼬를 트는 단계다.

미니 도시국가 실험

부산 강서구에서는 지금 도시국가의 출구를 찾는 의미 있는 실험이 진행되고 있다. 부산시가 부산신항 배후 지역 50㎢(약 1500만여 평)에 '미니 도시국가' 형태의 매머드 국제자유구역(국제산업물류도시)을 만들기로 한 것이다. 부산시의 의지가 확고하고, 정부가 이미 돕기로 약속해 그 어느 때보다도 실현 가능성이 높다. 이 국제자유구역은 사람과 돈, 상품이 자유롭게 드나들고, 정치·사회적 자치가 보장되며, 시민 공동체의 가치가 우선시되고 있어 사실상 '미니 도시국가'라고 할 만하다.

부산시 계획에 따르면, 1차로 신항 배후지 50㎢를 대상으로 하고, 나아가 김해공항 신항 경제자유구역 가덕도까지 포괄하는 국제자유구역을 만든다는 것이다. 이 국제자유구역에는 기본적으로 복합 물류 단지(14㎢), 첨단 산업 단지(31㎢), 배후 코어 도시(5㎢) 등이 들어선다. 복합 물류 단지는 해송(海送)을 하는 신항에다 철도·트럭 등 육송(陸送), 김해공항을 활용한 항송(航送)을 네트워킹하는 체제다. 또 신항과 연계한 수백만 평 규모의 물류 기업·외국인 기업 전용 단지가 세워지고, 배후의 핵심 도시에는 보험·컨설팅·금융·R&D센터 등 비즈니스 서비스 산업과 자연 환경을 살린 고급 주거 단지가 조성된다.

부산시는 정부가 이곳의 개발제한구역을 풀기로 한 만큼 부지 확보에 큰 문제가 없고 법적·제도적 걸림돌은 특별법을 만들어 해결할 계획이라고 설명한다.

부산 강서권은 강과 바다, 항만·공항·산업 단지 등 육·해·공 물류망이 갖춰지고 있는 데다 낙동강 하구라는 천혜의 자연 자원을 안고 있어 자족형 도시국가가 될 수 있는 최적지로 꼽혀왔다.

그런데 왜 '미니'라는 이름을 붙인 것일까? 단계적 전략으로 갈 수밖에 없는 현실 때문이다. 외형적으로는 지방자치 국가를 표방 하지만, 실제로는 중앙 집중·수도권 일극 중심의 국가 체제에 묶 여 있는 우리나라의 현실을 도외시할 수 없었던 것이다. 이러한 상황을 감안해 부산시가 찾은 묘안이 부산 강서권의 '미니 도시국 가'다. 이상과 현실의 괴리를 메우는 방편으로 단계적 확장 전략 을 선택한 셈이다.

그러나 강서 국제산업물류도시가 공장 부지를 마련해 땅값만 올리는 식의 기존 공단 개발 방식과 무엇이 다른가 하는 의문을 표시하는 사람도 있다. 이에 대해 부산시는 "그렇지 않다"고 단언 한다. "강서구의 미니 도시국가는 그린벨트 해제 지역에만 한정되 는 것이 아니다. 김해공항 일대와 가덕도, 신항 및 그 배후지까지 포함하는 개념으로 확대해서 봐야 한다. 그러면 4000만 평이 넘는 규모다. 이것은 하나의 실험이며 굳이 그 모델을 꼽으라고 한다면 두바이형이라고 말할 수 있다. 또한 이 실험은 부산 전체, 나아가 부·울·경의 동남권 전체로 확대해나갈 수 있는 기틀을 마련하 게 될 것이다." 나름의 면밀한 연구 및 검토가 있었음을 시사하는 대목이다.

결국 일각의 우려대로 될지, 아니면 진정한 미니 도시국가의 성공적 모델이 될지는 향후 사업 전개에 의해 판가름이 날 전망이다.

가장 '부산다운'
한국형 도시국가를 꿈꾼다

　부산이 찾는 도시국가 모델은 반드시 홍콩이나 싱가포르, 두바이가 아닐 수도 있다. 그쪽과 부산은 역사 · 문화 · 사회 배경이 다르고, 정치 체제도 다르다. 경제적 자유도에서도 차별화와 특성화가 필요하다. 싱가포르나 홍콩을 주목하는 것은 행정 · 경제의 자율성에서 참고할 요소가 많기 때문이지만, 그렇다고 부산이 무조건 그들을 좇아가는 식이어서는 곤란하다. 물론 그들이 누리는 고도의 자치권과 깨끗한 공무원상, 고급 인재 운용 시스템, 개방성(다민족)과 글로벌 마인드, 물류(항만) · 금융 · 비즈니스 · 관광 중심지 전략 등은 어느 것 하나 소홀히 할 수 없는 벤치마킹 목록들이다.

　그러나 무엇보다도 '부산다움'을 놓치지 말아야 한다. 부산다움을 만드는 차별화와 특성화가 '도시국가 부산'의 가장 중요한 가치이고 비전일 것이기 때문이다. 항만도시 부산이 늘 강조해 마지 않는 '물류중심'이라는 말만 해도 그렇다. 항만을 끼고 있는 세계의 수많은 도시들이 똑같이 추구하는 물류중심도시가 왜 부산의 비전이 되어야 하는가? 똑같은 것에서는 감동이 있을 수 없다. 문화가 삶의 형식과 내용을 지배하는 시대이니만큼 해양도시 부산의 고유한 특성을 살려야 한다는 말이다. 다시 말해 부산에 의한,

부산을 위한, 부산만의 전략과 창조적 콘텐츠가 필요하다. 금정산과 장산, 아름다운 해안선, 바다와 강이 만나는 낙동강 하구의 천혜의 자연 환경, 부산의 숨결을 간직한 동래학춤과 수영야류 등이 부산다움을 구현하는 도시국가의 콘텐츠가 될 수 있다.

강서 미니 도시국가가 성공할 경우, 도시국가 모델을 부산 전체에 확대 적용해볼 가치는 충분하다. 앞서 살폈듯이 부산의 잠재력과 발전 가능성은 세계 어느 도시 못지않다.

군이 부산의 개념 모델을 설정하자면 '부산다운 한국형 도시국가' 정도가 아닐까 한다. 다른 나라와는 완전히 구별되는 부산다움을 내포한 차별화, 특성화가 '도시국가 부산'의 가장 중요한 가치이고 비전이라고 본다면, 해양도시의 특성을 살리면서 자치와 자율, 문화적 품격을 갖는 도시를 지향하는 것이 바람직하다. 부산이 지향하는 목표는 '도시국가'라는 체제나 명칭이 아니라, 시민 모두가 행복하게 잘 사는 세계적 도시다. '도시국가'는 그런 세상으로 가는 하나의 강력한 모멘텀이라 할 수 있다.

이 원대한 일을 누가 추진해나갈 것인가? 가장 중요한 것이 시민사회의 공감대다. 학계의 전문가, 상공계, 문화계 등 시민사회의 NGO들이 함께 참여하는 시민추진기구를 먼저 생각해볼 수 있다. 여기서 다양한 연구와 토론을 통해 '도시국가 부산'의 원대한 밑그림을 그려내고 실천 방안을 찾는 것이다.

시민적 공감대를 이룬 다음엔 부산시와 시의회를 움직여 실질적인 추진 동력 장치를 만들어야 한다. 이 점에서 부산시가 강서구 일대에 추진하기로 한 '미니 도시국가'는 상당한 의미를 갖는다. 부산이 도시국가로 발전해나갈 수 있느냐, 이대로 머무르느냐를 일러줄 시험대이기 때문이다. 미니 도시국가를 향한 첫발을 성공적으로 내디딜 경우, 부산시의회가 나서서 '도시국가 부산 선언'과 같은 결의를 한다면 강한 추동력을 얻을 수 있다. 시의회가 나선다면 지역의 광역의회 간 연대도 모색될 수 있다.

보다 효과적인 추진을 위해서는 민관 협치(거버넌스) 시스템이 필요하다. 민관이 가슴을 열고 만나 논의하는 과정에서 도시를 바꾸는 창조적 리더십이 발현될 수 있다. 논의 구조를 확대하기 위해 지역 내·지역 간·세계 도시 간 네트워크를 만들어 연대와 협력을 다지는 방안도 적극 검토해야 한다. '도시국가의 꿈'은 뜻이 있는 곳에서 피어날 수밖에 없다.

세계의 도시국가 이야기

5

독일의 부산, 함부르크

독일 최대의 항구도시이자 유럽의 2대 항만을 끼고 있는 함부르크. 공식 명칭이 '자유 한자(Hansa) 도시 함부르크'인 이곳을 우리는 '독일의 부산'이라고 일컫고는 한다. 함부르크와 부산이 너무나도 비슷한 점이 많기 때문이다. 함부르크는 독일에서 베를린 다음으로 큰 도시로, 독일 수출입 물량의 90%가량을 처리하는 무역항이다. 인구는 175만 명(근교까지 포함하면 400만 명)이며 도시 면적은 755㎢이다. 이는 한국의 제2도시이자 최대 항구도시로서 면적이 759㎢인 부산과 아주 흡사하다. 게다가 국제적인 항구도시답게 특유의 개방성에다 약간 거친 듯하면서도 성실함과 정열을 갖고 있는 시민 기질도 비슷하다.

하지만 함부르크와 부산은 결정적인 차이점이 있다. 함부르크는 유럽에서도 연방제가 가장 발달되었다는 지방자치 국가 독일의 16개 주 가운데 3개 '도시주(베를린, 함부르크, 브레멘)'의 하나로 특별한 지위를 누리는 '도시국가'이지만, 부산은 서울 집중화의 그늘에 가려진 권한 없는 지방도시라는 점이다.

독일의 '도시주'가 부럽다

독일의 '도시주'는 우리에게 생소한 개념이다. 함부르크 시청

별관 함부르크 시 도시계획 및 환경부에서 만난 쥐른 발터 도시계획국장은 "'도시주'는 쉽게 말해 독일식 '도시국가'라고 이해하면 된다"고 했다. 그의 설명에 따르면, 도시주는 기초자치단체인 시(市)이자 16개 연방주의 하나인 주(州)의 기능을 함께 가진다. 연방정부와는 상하 관계가 아닌 수평적 협력 관계를 맺고 있으며, 국방과 대사급 외교 관계 등의 업무를 제외한 대부분의 국가적 기능을 발휘한다. 이것이 뮌헨이나 프랑크푸르트, 쾰른, 슈투트가르트, 마인츠, 하노버 등 독일 내의 다른 도시들과 구별되는 점이다. 이들 도시는 주에 속한 기초자치단체일 뿐이다.

발터 도시계획국장은 "이곳 시민들은 쾰른과 뮌헨 등 일반 도시들과는 다른 자기 도시의 위상을 아주 자랑스럽게 생각한다. 특히 '시민의 힘으로 처음부터 끝까지 도시 발전을 책임져야 한다'는 책임감 때문에 도시 정책에 대한 시민 참여도가 높은 편"이라고 말했다.

도시 스스로 쌓아올린 국제경쟁력

함부르크의 도시국가적 지위를 단적으로 보여주는 것이 도시 스스로 쌓아올린 국제화 수준이다. 함부르크에는 100개가 넘는 외국 영사관이 자리 잡고 있어, 뉴욕에 이어 세계에서 두 번째로 영사가 많은 도시로 꼽힌다. 그만큼 도시가 자체적으로 외국의 국가 및 도시들과 협력 및 교류를 넓히고 있다는 뜻이며, 이는 국제적으로 도시 간 경쟁이 심화되는 시대에 한발 앞서 나가겠다는 의지의 발로이다.

발터 국장은 함부르크가 가진 장점에 대해 "인간과 물이 어우러진 복합도시화, 친환경 개발이 우선적 과제다. 우리의 장점은 도시 개발이나 경제 정책, 도시 간 외교 정책에서 우리 스스로가 완전한 독립적 지위를 갖기 때문에 내부 변혁과 외부 환경 변화에 순발력 있게 대응할 수 있다는 것"이라며 "특히 문화와 교육 정책은 하나의 국가나 마찬가지일 정도로 권한을 갖고 계획을 세워 집행한다"고 설명했다.

물론 단점도 없지는 않다. 연방정부와 대등한 관계를 갖다 보니 시민 개개인의 세제 부담이 높다. 또 주변에 있는, '도시주'가 아닌 연방주들의 사정을 고려해야 하는 것도 과제다. 항구 확장이나 고속도로 건설 등을 놓고 협상할 때마다 다른 주들의 입장을 최대한 고려해 계약을 성사시켜야 하는 어려움이 있다는 것이다.

하지만 이러한 단점들은 함부르크가 도시국가로서 누리는 장점들에 비하면 큰 문제가 되지 않는다는 게 시민들의 반응이다. 독일에 유학 갔다가 함부르크에 정착, 독일 정보 전문 웹진인 〈저머니라이브〉를 운영하고 있는 김노열 씨는 "함부르크의 2007년 1인당 국민소득이 4만 5000유로이다. 함부르크 항구가 있는 엘베 강 주변은 독일 최고 부자들이 가장 살고 싶어 하는 곳으로 유명하다. 해마다 늘고 있는 인구도 함부르크의 경제적 번영을 말해준다"고 전했다.

비록 시민들의 세 부담이 다소 높은 편이라고는 하지만, 함부르크는 최근 5년간 독일 연방정부의 지방교부세를 한 푼도 받지 않은 다섯 개 주 가운데 하나다. 다른 도시주인 베를린이 수도이면서도 가장 많은 보조금을 받은 것과 대조적이다. 독일의 세제는 연방기본법에 따라 각 주의 재정적 균등을 위해 재정적으로 풍부한 주가 그렇지 않은 주보다 더 많은 세금을 내고 재정적으로 뒤처지는 주에 대해 연방정부 예산에서 보조금이 지출된다. 이곳 역시 한국과 마찬가지로 지방자치단체나 주정부의 자치 구현을 위한 중요한 요건이 재정 능력이다. 그러나 국세와 지방세 비율이 8대 2로, 극심한 중앙 집중화의 폐해를 겪고 있는 한국과 달리, 독일은 소득세와 법인세, 거래세(한국의 부가가치세와 비슷) 등을 연방정부와 지방이 5대 5 비율에 가깝게 맞춰놓고 있다.

항구 · 경제 · 문화의 행복한 결합

높이 20m에 달하는 비스마르크 동상이 세워진 엘베 강변 언덕에서 내려다본 함부르크 항만은 마치 거대한 크레인들의 사열장과 같았다. 12세기 독일 한자 동맹 최대의 항구로 출발한 함부르크 항은 이 도시의 경제적 발전 동력이다. 함부르크 부흥 프로젝트의 첫 번째 요소도 항만이다.

함부르크 시는 북유럽 최대 무역항의 위상을 강화하기 위해 2017년까지 7억 4600만 유로(우리 돈으로 약 1조 2000억 원)를 투자할 계획이라고 한다. 함부르크 항의 최근 상승세는 무섭다. 2004년 700만TEU의 컨테이너를 처리했는데, 2008년 상반기에만 500만TEU를 초과 처리했다. 2008년 말에는 항만 역사상 최초로 1070만TEU를 처리할 것으로 예상된다. 불과 4년 만에 55%라는 초고속 성장세를 보여준 것이다(같은 기간 부산항의 성장은 13% 선에 그친다). 그동안 무인 궤도 크레인 확충 등 하드웨어를 보강하고 통합전자정보 시스템(EDI)과 같은 소프트웨어를 구축한 결과라고 한다.

이 같은 항만 발전 속도에 맞춘 대규모 투자 계획은 함부르크

함부르크 항

주정부가 독자적으로 세운 것이다. 단, 함부르크 항은 독일의 국가 인프라 시설이기 때문에 함부르크를 대표하는 상원의원과 주정부 집행부가 연방정부에 경비 분담을 요구해 연방정부의 경제노동부가 승인하는 과정을 거쳤다. '도시국가' 함부르크의 위상과 독자적 경제 개발 전략의 단면을 보여주는 사례다.

　도시를 관통하는 엘베 강과 함께 수많은 강의 지류와 운하, 호수 그리고 2600개가 넘는 다리가 건설되어 있는 물의 도시 함부르크. 유럽에서 가장 잘나가는 도시국가 중 하나인 함부르크는 항만과 석유 정제 사업, 자동차 산업 등에서 한발 더 나아가 최근에는 문화와 패션의 도시 이미지를 강화하는 전략을 세우고 있다. 예컨대 창고와 부두 시설이 있던 구항만을 재개발하는 '하펜시티 프로젝트'는 함부르크가 경제와 문화를 결합한 개념의 복합도시로 가기 위해 추진 중인 대표적인 사업이다.

함부르크 하펜시티 프로젝트 그리고 부산 북항 재개발

'물의 도시' 독일 함부르크의 시청사. 도심 중심가에 위치한 시청에서 크고 작은 다리들을 지나 남쪽으로 800여m를 걸어가면 19세기에 지어진 고색창연한 갈색 벽돌 건물들이 좌우로 늘어선 지역으로 들어서게 된다. 공사용 차량들이 드나드는 정문 출입구에는 '하펜시티(Hafen−City)' 라고 적혀 있다. 이곳이 바로 21세기 유럽에서 가장 주목받는 항만 재개발 신도시로 평가받는 하펜시티 공사 현장이다.

'하펜시티 프로젝트'는 엘베 강 유역의 함부르크 시가 라인 강 하류의 네덜란드 로테르담에 빼앗겼던 유럽 최고 항구도시의 명성을 되찾겠다며 야심만만하게 추진 중인 대규모 도심 재생 프로젝트다. 이 프로젝트는 여러 측면에서 부산북항 재개발 사업과 마치 약속이나 한 듯 닮은 데가 있다.

하펜시티와 부산북항, 이 두 곳은 신항 건설에 따라 슬럼화되거나 공동화될 수밖에 없는 옛 항만 지역의 유휴지를 재개발한다는 측면에서 유사하다. 전체 사업 규모도 비슷하다. 먼저 사업 면적은 하펜시티가 약 155ha(155만㎡)이고 부산북항은 약 151ha다. 사업 예

함부르크와 부산 비교		
	함부르크	**부산**
인구(명)	175만(근교 포함 400만)	365만
면적	755㎢	759㎢
1인당 국민소득	5만 8000달러	2만 달러
컨테이너 처리	990만TEU, 세계 9위	1327만TEU, 세계 5위
도시 체제	도시주(도시국가)	지방도시

2007년 기준

함부르크 시청

산은 하펜시티 프로젝트가 63억 유로(우리 돈으로 약 8조 100억 원)이고 북항 재개발이 약 8조 100억 원이다. 또한 비즈니스와 휴식·문화·관광·레저 시설 등이 들어서는 친수형 복합 신도시를 전체적인 개발 목표로 삼고 있다는 점도 닮은꼴이다. 노후화·공동화되고 있는 원도심을 되살리는 구심점 역할을 할 것으로 기대된다는 점도 같다. 사업 시기도 하펜시티가 2001∼2025년, 북항이 2008∼2020년이라는 면에서 큰 차이가 없다. 외형만 보면 마치 쌍둥이 형제 같은데, 그 속을 들여다보면 두 도시의 옛 항만 재개발 사업은 내용이 판이하다. 함부르크 시는 하펜시티 프로젝트를 지방정부와 시민들의 지혜와 힘으로 건설하지만, 부산의 북항 재개발 사업은 진정한 주인이어야 할 지방정부와 부산시민은 소외된 채 중앙정부 주도로 추진되고 있다.

시민의 힘으로 미래를 건설한다

2001년에 착공한 하펜시티 건설 프로젝트를 전담하는 곳은 '하펜시티 함부르크 유한공사'라는 이름을 가진 특수 법인이다. 이 법인은 사실상 함부르크 시가 전액 출자한 지방정부 자회사다. 이 회사의 지셀러 슐츠 베른트 총괄 관리이사는 "함부르크는 시(市)이면서 주정부의 자격을 갖고 있기도 한, 사실상 도시국가다. 그러니 하펜시티에 관한 모든 계획과 실행은 주정부 및 시의 책임하에 진행된다. 우리 회사는 그 같은 지방정부의 역할을 총체적으로 집행 관리하는 곳"이라고 밝혔다.

베른트 이사는 이어 "사실 이 사업이 시작된 계기도 1990년대에 시장이던 포르셰 시장과 옛 부두에서 창고업을 하던 민간 업자가 이곳의 재개발 필요성에 공감하고 의기투합한 뒤 많은 시민으로부터 '함부르크 시민의 힘으로 희망과 자부심의 상징을 만들자'는 전폭적 지지를 받아 추진하게 된 것"이라고 덧붙였다.

하펜시티 계획은 1997년 주의회에 상정되어 예산 집행 및 실행 로드맵 등이 통과됨으로써 본격적으로 닻을 올리게 되었다. 부지 활용과 시설물 개발 콘셉트까지 지방정부와 시민들의 의견과 지혜를 모아 추진했고 착공하기 이전에 이미 모든 개별 건물과 교량의 디자인까지 확정했다고 한다. 각 개별 건물의 디자인은 현대 건축 기술의 경연장이라 할 만큼 저마다 개성을 띠고 있다. 지방정부가 독립적으로 사업을 추진하니 자연히 사업에 속도가 붙어 이미 50%가량이 완성 단계다. 총사업비 가운데 13억 유로만 주정부의 공공 예산으로 충당하고, 나머지 50억 유로는 민간 투자로 조달하는데, 미국의 모건스탠리 등 세계적 금융 회사들이 투자를 결정해 자금 확보에도 별 어려움이 없다. 분양 대상 건물 중 30% 이상은 분양이 완료되었다. 주정부는 이곳에 1만 2000명이 거주하게 될 것이며 4만 개의 일자리를 창출하게 될 것이라고 설명했다.

반면 부산북항 재개발 사업에서 지방정부와 시민의 역할은 사실상 찾아보기 힘들다. 참여정부 당시 해양수산부 주도로 사업이 추진되어 사업 시행자 역시 중앙정부 산하인 부산항만공사(BPA)가 갖고 있다. 이를 전담하는 북항재개발(주)도 엄밀히 말해 중앙정부 자회사다. 부산시는 다만 협의 기관으로서 귀퉁이 한 자리를 차지하고 있을 뿐이다. 시민 대표들의 모임인 시의회도, 시민도 북항 재개발의 방향을 결정하고 사업을 추진하는 데 참여할 틈새가 없다. 건물의 디자인은 고사하고 어떤 시설이 입주할지, 자금 조달을 어떻게 할지 등이 아직 모호하다.

지역 특색이 살아 있는 창조적 신도시 만들기

유명 작곡가 브람스의 고향이기도 한 함부르크는 독일에서도 손꼽히는 음악 도시다. 이에 따라 문화와 관광, 비즈니스, 레저, 주거, 교육의 기능을 함께 갖춘 복합형 신도시로 계획된 하펜시티 프로젝트에서 랜드마크 역할을 하게 되는 것도 음악과 관련된 시설인 콘서트홀이다. 지역 오케스트라로서 세계적 명성을 가진 엘베필하모니의 이름을 그대로 딴 '엘베필하모니 콘서트홀'이 바로 그것이다. 함부르크 시의 라인하르트 스투트 국장은 "2150석의 좌석을 가진 콘서트홀은 규모 측면에서 세계 10대 콘서트홀의 한 자리를 차지하겠지만 음향 기능 면에서는 사실상 최고"라고 자랑

함부르크의 다목적 콘서트홀

했다.

하지만 이 콘서트홀의 진짜 매력은 훌륭한 음향 시설과 규모가 아니라, 1800년대 부두 끄트머리에 지어진 대형 코코아 저장 창고를 허물지 않고 재활용해 그 옥상에 짓게 되는 재활용 콘서트홀이라는 점이다. 게다가 창고 옥상에 올라서는 한 건물 내에 대형 콘서트홀 및 소형 콘서트홀뿐 아니라 250개의 방을 가진 최고급 호텔, 45세대의 아파트까지 포함된 문화 · 관광 · 주거 삼위일체의 복합 건물이라는 점이다.

하펜시티 함부르크 유한공사의 수잔느 벌러 대외 홍보 담당 과장은 "하펜시티에는 새로운 건물도 많이 들어서지만 엘베필하모니 콘서트홀과 국제해양박물관 등 주요 시설들은 19세기에 지어진 창고 건물의 재활용을 통해 완성된다. 여기에는 폐기물을 줄이는 친환경적 요소와 함께 함부르크의 전통과 역사를 창의적 아이

함부르크 하펜시티에 있는 '부산 브리지'

디어와 결합해 재창조하자는 의도가 들어 있다"고 말했다. 함부르크의 문화와 전통 그리고 역사를 담아내는 데 초점을 맞추었다는 이야기다.

하펜시티가 갖는 또 하나의 특징은 해양 중심 문화와 국제적인 개방성을 표현한다는 점이다. 친수 공간 역할을 하는 3개의 야외 테라스 명칭은 '마르코 폴로', '마젤란', '바스코 다 가마'로 붙여졌다. 모두가 세계사에 큰 족적을 남긴 해양 탐험가들이다. 또한 오사카 거리, 코리아 거리, 상하이 거리 등 각국 또는 해외 도시의 이름을 딴 거리를 조성했다. 국제적 항구도시로서 함부르크가 갖는 세계도시적 성격과 시민들의 개방성을 표현한 것이다.

2008년 6월 개장한 국제해양박물관으로 통하는 작은 다리 2개 중 아직 개통되지 않은 한 곳의 명칭은 특이하게도 '부산 브리지'였다. 부산 사람으로서는 눈이 번쩍 뜨일 수밖에 없었다. 수잔느

뷜러 과장은 "코리아 거리와 국제해양박물관의 일부로서 당당한 역할을 하게 될 다리의 이름을 '서울 브리지'가 아니라 '부산 브리지'라고 명명한 것은 그만큼 함부르크가 같은 항구도시인 부산에 큰 관심과 애정을 갖고 있다는 의미"라고 말했다.

그러나 중앙정부 주도형의 북항 재개발 프로젝트에는 부산의 문화와 전통, 역사성, 시민들의 삶을 담을 만한 그릇이 보이지 않는다. 시드니형, 두바이형, 아일랜드형 중에 어느 도시와 비슷한 스타일을 지향할 것인가가 관심사일 뿐이다. 주인이 주인 노릇을 못하고 있는 희한한 도시. 그것이 함부르크에 비춰본 부산의 현재 모습이었다. 이는 곧 부산이 자주성을 갖춘 도시국가로 발전해가야 하는 이유이기도 했다.

하펜시티의 자유로움과 개방성
그리고 실험 정신

라인하르트 스투트(함부르크 시 문화스포츠언론 담당 국장) "외국에서는 함부르크를 단순한 무역항으로만 생각할지 모르지만, 사실은 북부 유럽의 오랜 문화와 전통이 가장 잘 보존되고 발전된 문화도시입니다. 앞으로도 그런 문화적 강점을 바탕으로 국제 교류에 힘쓸 겁니다."

작곡가 브람스의 고향, 함부르크 시의 문화 정책에 대해 설명해달라는 질문에 라인하르트 스투트 문화스포츠언론 담당 국장이 던진 첫 마디다.

엘베 강을 끼고 북해, 발트 해 등을 지척에 둔 함부르크는 체코와 헝가리, 슬로베니아 등 동유럽 국가들과 스칸디나비아 반도 국가들의 해양 문화가 절묘하게 어우러진, 북유럽 문화 교류의 장이다. 그러한 기조는 지금도 유지되고 있다.

라인하르트 국장은 "도시국가의 지위를 누리는 함부르크의 문화적 특징은 자유롭고 개방적이며 실험 정신이 강하다는 것이다. 또한 끊임없이 국제 문화에 대한 관심과 교류를 넓혀가려는 국제성도 함부르크 문화의 큰 흐름 중 하나"라고 설명했다. 이 같은 문화적 특성은 함부르크가 약 1000년 전부터 시민자유도시로서 누려온 특성에 기인한다고 그는 덧붙였다. 박물관 등 문화시설을 짓거나 오케스트라, 오페라단을 결성하고 유지하는 데 드는 비용을 모두 시민들이 부담해왔기 때문에 일부 특수 계층의 문화가 아닌 시민 모두가 향유하는 문화로 발전할 수 있었다는 것이다.

함부르크는 부산시와의 문화 교류에도 적극적이다. 담당자인 국제

문화협력과의 줄리아 다우텔 과장은 "올 상반기에 개장한 하펜시티 내 국제해양박물관 개장식 때 허남식 부산시장을 초청한 바 있다. 2007년부터 부산의 예술인 2명이 함부르크에서 공부하며 활동하고 있으며 2009년에는 함부르크의 예술인 2명이 부산에 갈 것이다"라고 밝혔다. 그는 또 "2008년 9월에는 부산과 함부르크의 예술인들이 '문화포럼'을 출범해 양 도시 간 문화 콘텐츠도 깊이 논의하는 등 활동의 폭을 넓히게 될 것"이라고 설명했다.

지셀러 슐츠 베른트(함부르크 하펜시티 유한공사 총괄 관리이사) "하펜시티에는 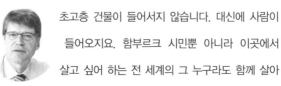 초고층 건물이 들어서지 않습니다. 대신에 사람이 들어오지요. 함부르크 시민뿐 아니라 이곳에서 살고 싶어 하는 전 세계의 그 누구라도 함께 살아갈 수 있습니다. 그들은 친환경 에너지를 활용하는 독특한 디자인의 첨단 건물에서 일하고, 친수 공간에서 문화와 레저를 즐기며 거주하게 될 것입니다."

하펜시티 함부르크 유한공사의 지셀러 슐츠 베른트 총괄 관리이사는 도시가 사람이 살아가는 공간이기에 옛 항만 및 부두 지역 재개발 프로젝트인 '하펜시티' 역시 사람이 '잘 살 수 있는 공간'으로 개발 중이라고 설명했다. 그는 특히 "과거에는 대부분의 도시들이 거주 지역, 공업 지역, 비즈니스 지역 등으로 나뉘다 보니 원도심 공동화가 심해졌다. 하지만 이제는 한 지역 내에 사람이 살아가는 데 필요한 대부분의 기능을 포함시킨 복합형 지역 개발이 대세다. 하펜시티는 세계에서 가장 성공적인 원도심 및 항만 재생 모델이 될 것"이라고 말했다.

하펜시티에는 콘서트홀, 해양박물관, 반지형의 독특한 디자인을 뽐내는 과학 센터 등 문화 과학 시설, 퀸메리 2호와 같은 세계 최대의 크루즈선 두 척이 동시에 접안할 수 있는 터미널, 그리고 대학교까지 들어서지만 역시 빼놓을 수 없는 기능은 비즈니스 센터 기능이다. 그러나 베른트 이사는 별 걱정이 없다. 유럽 최고의 시사 월간지 〈슈피겔〉의 본사가 들어오고 중국 굴지의 해운 회사인 '차이나시핑'의 유럽 본부가 입주하는 등 굴지의 기업들이 러브콜을 보내고 있기 때문이다.

함부르크 시는 하펜시티 프로젝트를 계획하면서 어떤 도시를 벤치마킹했을까. 베른트 이사는 "미국의 볼티모어와 영국의 런던, 네덜란드의 암스테르담 등 많은 도시를 둘러봤지만 우리가 원하는 개념의 도시는 없었다. 결국 철저히 함부르크다운 친수 도시를 우리 힘으로 만들게 되었다"고 밝혔다. 부산북항 재개발 프로젝트에 대해서도 알고 있다는 그는 충고나 조언을 요구하자 극구 사양했다. "북항 재개발은 부산 사람들 몫이 아닌가요? 부산시민들이 주인이라면 그들이 가장 잘 알 테지요"라면서.

INTERVIEW

잘사는 나라 스위스보다
더 잘사는 도시국가 바젤

'테니스 황제' 로저 페더러의 고향. 자산 규모 세계 1위인 초대형 은행 UBS 본사 두 곳 중 한 곳이 있는 도시. 세계 최대 농화학업체 신젠타의 본거지. 유럽축구선수권대회인 '유로 2008'의 개막전이 펼쳐진 곳. 세계 최고이자 최대의 미술 전람회가 매년 열리는, 인구 19만여 명의 라인 강변 작은 도시.

이 수식어들은 모두 '유럽의 심장' 으로 불리는 스위스에서 두 번째로 큰 도시 '바젤'에 대한 설명이다. 그러나 바젤을 이야기할 때 빠져서는 안 될 중요한 부분은 바로 도시 자체가 하나의 주(州)로서 지위를 누리고 있다는 점이다. 스위스가 세계에서 가장 발달된 연방제를 가진 국가로 손꼽히기는 하지만 바젤은 많은 주 가운데 특이하게 국방과 외교권을 제외한 거의 모든 자치권을 갖는 '도시국가' 이다.

바젤은 부산과 마찬가지로 자국에서는 두 번째로 큰 도시지만 부산과 달리 스위스에서 가장 잘사는 도시다. 비결은 무엇일까. 도시를 둘러보면서 얻은 결론은 '도시의 발전 및 시민의 번영과 관련된 모든 사안에 대해 중앙정부의 간섭을 철저히 배제한 채 시민 스스로 결정하고 추진하며 책임진다는 것' 이었다.

모든 권력은 시민으로부터

독일 함부르크에서 초고속 열차 '이체(ICE)'를 타고 여섯 시간가량을 달려 도착한 바젤. 라인 강 상류에 자리 잡은 작지만 활기찬 이 도시는 프랑스, 독일과 국경을 접하는 천혜의 지리적 조건을 갖고 있다. 16세기 고딕 양식으로 건립된 바젤 시청사 겸 주정부 청사는 외벽과 내벽이 화려한 프레스코 벽화로 치장된 유서 깊은 건물이다.

먼저 〈웰컴 투 바젤〉이라는 영문 안내 책자를 펼쳤다. 첫 장의 문구가 인상 깊다. "바젤은 사람이 정착해 살아온 지 2000년, 스위스 연방에 편입된 지 500년이 지난 오늘날, 유럽에서 가장 다이내믹하고 최고로 성공한 도시국가다."

'도시국가'라는 당당한 홍보 문안에 한동안 시선이 머문다. 이어서 만난 야콥 거블러 바젤 주정부 대외협력담당관이 바젤의 정치 및 행정 체제를 정리한 요약문을 건네주며 자세한 설명을 덧붙인다. 거블러 담당관은 요약문 첫머리에 있는 도표를 보여주며 "130명의 의원들로 구성된 주의회와 7개 부서 장관들로 이뤄진 행정 협의체, 그리고 독립적인 사법부로 삼권 분립이 이뤄져 있지만 그 위에는 '시민'이라는 최고 권력이 자리한다"고 말했다.

도표를 자세히 보니 실제로 그랬다. 조직표의 가장 위에 19만 명이라고 표기된 시민이 있었고 그 아래로 입법·사법·행정의 3부가 수평으로 나란히 그려져 있다. 맨 위에 시장, 그 아래에 행정·정무부시장, 그 밑에 각 국·실 및 하위 부서가 그려진 부산시의 직제표와는 개념부터가 달랐다.

그렇다면 바젤 시민은 정말로 큰 권력을 갖고 있을까. 시민은

바젤 시청 내의 '7인 각료 회의실'에 선 야콥 거블러 대외협력담당관

우선 입법부 구성원인 의원을 직접선거로 선출한다. 또한 사법부의 판사도 선거로 뽑는다. 게다가 의회가 임명한 7명의 행정부 각료에 대해 찬반 투표를 통해 받아들일지 거부할지를 결정한다. 주지사 겸 시장은 이들 7명 중 1명이 1년씩 번갈아 맡는다. 중요한 결정은 7인 각료 회의를 통해 이뤄지지만 시민의 권익과 관련이 깊은 사안들은 시민 투표를 통해 최종 결정한다. 이쯤 되면 말그대로 시민이 무소불위의 권력, 그 정점에 있다고 볼 수밖에 없다. 게다가 행정부가 기획해서 입법부가 의결한 사안이라 할지라도 최종 결정은 시민에 의해 이뤄진다. 2008년 초 라인 강의 다리 3개 중 하나를 리모델링하자는 안이 통과되자 어느 다리를 리모델링할 것인가를 시민 투표로 결정한 것이 좋은 예다.

또한 시민 3000명 이상이 서명하면 법안을 제안할 수 있고 의회를 통과한 법안이라 해도 2000명 이상이 서명하면 거부권을 행사

할 수 있다. 거블러 담당관은 "거부권 행사가 1년에 평균 20건 정도는 발생한다"며 "어떻게 보면 시민의 힘이 너무 강한 것처럼 보일 수도 있겠지만 그게 바로 바젤의 발전을 이룬 밑바탕이 되었다"고 밝혔다. 지역 발전과 시민 이익을 조화시킬 수 있을지를 철저하게 검증하는 합리적 의식이 시민사회에 깔려 있다는 것이다.

국제화 · 개방화는 필수

프랑스 동부의 알자스, 독일 남부의 프라이부르크 등은 경제 · 사회 · 문화 · 교육 등 여러 방면에서 바젤과 긴밀한 협조를 이루고 있는 이웃 지역이다. 국경도시라는 특성 때문에 철도가 특히 발달한 바젤은 라인 강 북쪽에 독일 철도역, 남쪽에 스위스 철도역과 프랑스 철도역 등 3개의 대형 역사가 있다. 서유럽 대부분의 지역에서 유럽 각지로 가기 위해서는 반드시 이 도시를 거쳐야 하기 때문에 외국인들의 발길이 끊길 틈이 없다. 또 '유로 공항'이라고 이름 붙은 공항은 프랑스와 독일 등 인근 국가의 이웃 지역과 공동으로 사용한다. 라인 강의 수운도 발달해 있다.

이 같은 특성을 절묘하게 이용해 국제화와 개방화를 추구한 것이 스위스 속 도시국가 바젤의 성공 요인으로 꼽힌다. 인구 19만 명의 27%인 5만 1000여 명이 외국 출신이다. 독일어가 주 언어지만 전체 인구의 60%가 자유자재로 영어를 구사한다. 30세 이하의 청장년층은 90%가 영어를 사용한 의사소통이 가능하다. 주정부에서도 "영어만 할 수 있어도 얼마든지 정착할 수 있다"고 홍보한다. 미국의 매사추세츠 지역과 자매결연을 해 교육 및 문화 예술 분야에서 교류를 강화하고 있는 것도 영어에 대한 자신감의 표현이다.

이렇게 개방된 분위기는 지역 경제를 이끌어가는 제약·생명바이오 업체, 금융 회사 등에 매년 3000명 이상의 독일 및 프랑스 출신 젊은이들이 새로 취업할 수 있도록 해주고 있다.

연방정부 차원의 국가 간 외교를 제외한 인근 국가의 특정 지역과의 외교권이 주지사에게 보장되어 있어, 바젤 주지사는 프랑스와 독일 등 접경 지역과의 문화·경제·교육 협력 및 계약 업무를 주 업무로 맡고 있기도 하다. 현재 바젤 시는 독일 프라이부르크, 프랑스 스트라스부르와 함께 150여 개의 박물관을 마음대로 관람할 수 있는 '3개 지역 공동 박물관 카드' 제도와 엔지니어 기사들의 학력 인정 순환 교육 등 각종 협력 사업을 벌이고 있다. 이 같은 교류 협력은 젊은이들의 국제화 능력을 높이는 배경이 되어준다.

소득 7만 달러의 고품격 도시

2007년 현재 스위스의 일인당 평균 소득은 4만 5000달러 정도인데, 바젤 시민들의 일인당 연평균 소득은 7만 7000달러다. 이처럼 높은 소득은 도대체 어떻게 만들어질까.

이 지역에 본사를 둔 대형 다국적 업체들의 힘이 크게 작용한다. 노바티스, 로슈 같은 다국적 제약 업체와 신젠타라는 세계 최대 농화학 업체가 자리 잡고 있고 물류 회사 파날피나의 본사도 바젤에 있다. UBS은행은 취리히와 바젤 등 두 곳에 본사를 두고 있다. 신젠타의 경우 2008년 1분기 매출액이 약 4조 원으로 지난해 같은 기간에 비해 28%가량 늘었다. 세계 최대 조선사인 현대

바젤 시가지와 라인 강

중공업의 2008년 1분기 매출액이 1조 6000억 원인 것과 비교하면 엄청난 매출액 규모가 짐작된다.

바젤은 세계적인 미술도시로 꼽히기도 한다. 유럽 최초의 시민 모금 미술관을 갖고 있으며 '아트 바젤(Art Basel)'이라 이름 붙은 현대미술 최대의 전람회가 매년 6월 바젤에서 열린다. 작품과 참가 갤러리, 작가 규모 및 수준에서 가히 세계 최고로 평가받고 있다. 또한 30개의 박물관과 프랑스 파리 퐁피두 센터 앞 분수를 제작한 이 지역 출신 천재 설치조각가 장 팅글리를 기념한 팅글리미술관 등 50여 개의 미술관이 있다. 이곳을 방문하는 외국 관광객만 연간 300만 명이 넘는다.

축제와 박람회도 끊이지 않는다. 유럽에서 두 번째로 큰 '바젤 카니발'이 2월에 열리고 4월에는 시계 강국 스위스의 위상을 보여 주는 세계 최대의 '시계와 보석 박람회'가 개최된다. 이러한 행사

기간에는 바젤뿐 아니라 스위스 전체의 호텔 예약이 꽉 차버리는 웃지 못하는 일이 벌어진다.

바젤의 인재 양성은 여러 개의 직업 전문학교가 맡고 있으나, 보다 고도화된 인재 양성은 1460년에 설립된 스위스 최초의 대학인 바젤대학이 담당한다. 수학·생화학·철학·심리학 예술 분야에 강점을 가진 바젤대학은 카를 구스타프 융, 니체 같은 인재를 배출한 것으로 유명하다. '비타민C'도 1950년 바젤대학에서 최초로 발견되었고 여러 명의 노벨 생리의학상 수상자가 여기서 나왔다. 학생 9000명에 교수만 1200명. 교수 일인당 학생 수가 8명에 불과한 이 대학은 영국 〈더 타임스〉가 매년 선정하는 '세계 톱 대학 200' 순위에서 늘 50위권에 든다. 이 대학교의 존재만으로도 바젤은 교육의 도시로 불린다.

이제 겨우 도시국가 체제에 눈을 뜨는 부산이 바젤과 같을 수는 없다. 하지만 거블러 담당관의 애정 어린 충고만은 부산시민들이 곱씹어봐야 한다. "지방자치의 완벽한 구현을 통해 지역 발전을 지역민 스스로 이뤄내겠다는 열정이 없으면 그 도시는 지역 간·도시 간 생존 경쟁에서 도태될 수밖에 없을 겁니다."

프랑스 스트라스부르의 조용한 진화

    스위스 바젤에서 열차편으로 불과 한 시간여 만에 도착한 프랑스의 스트라스부르. 파리에서 동쪽으로 447km 떨어진 독일 접경 도시인 이곳은 '프랑스의 정동진'이라 부를 만한 곳이었다. 도심 동쪽에 흐르는 라인 강이 독일과의 경계선이다. '길의 도시'라는 뜻을 담고 있는 이름에서 알 수 있듯이 스트라스부르는 오래전부터 프랑스와 독일, 네덜란드, 스위스, 오스트리아, 체코, 헝가리, 폴란드 등으로 연결되는 유럽 대륙의 '인터체인지' 역할을 한 곳이다. 아직 도시국가급 수준의 자율성을 가졌다고는 할 수 없지만, 오랜 중앙 집중형 국가의 틀에서 벗어나 지방 분권형 국가로 거듭나려는 프랑스 정부의 노력이 조용히 뿌리내리고 있는 도시라 할 수 있다. 서울 중심의 중앙 집중형 국가인 한국과 흔히 비교되는 프랑스. 이곳에 불고 있는 변화의 바람을 상징적으로 보여주는 스트라스부르에서 '도시국가'를 위한 부산의 방향을 찾아봤다.

변방 아닌 유럽의 중심으로

    프랑스는 지방 분권적 전통이 강한 유럽 대륙에서 특이하게도 중앙 집권적 국가 구조가 강하게 남아 있는 나라다. 하지만 수도권에 대한 지나친 정치·경제·사회적 집중과 그 외 지역의 상대

스트라스부르의 프티 프랑스

적 낙후가 국가경쟁력에 악영향을 미치고 있다는 반성에서 프랑스도 미테랑 대통령 재임 시절이던 1982년 지방자치제를 전격 도입했다. 1995년 지방자치제를 시행한 한국과 그 도입 취지가 비슷하다. 프랑스 역시 지방자치 도입 초기에는 성과가 미미했다.

　그러던 1991년 프랑스 국민은 물론 전 유럽인이 깜짝 놀랄 만한 조치가 내려졌다. 그것은 바로 프랑스 최고의 권력층을 배출하는 교육 기관인 파리의 '국립행정학교'를 동쪽의 변방 도시 스트라스부르로 이전한다는 발표였다. 국립행정학교는 자크 시라크 등 대통령 두 사람과 여러 명의 수상, 수백 명의 장관, 국영 기업 CEO, 외교관 등을 배출한 프랑스 최고의 대학원(그랑제콜)으로 '대학 위의 대학'이라 불린다. 해마다 수재 중의 수재 100명만 들어갈 수 있다는 이 학교는 발표 2년 후인 1993년에 완전 이전이 이루어졌고 스트라스부르는 곧장 변방의 이미지를 벗어 던질 수 있었다. 이 조치는 파리에 집중된 공공 기관들의 지방 이전 정책에 대한 정부의 확고한 의지를 드러낸 상징적 사건이자 지방 분권을 향한 열망의 표출이었다. 마치 서울대 법대와 사회과학대를 경남 밀양시나 진해시로 이전한 것과 같은 충격적인 조치였다.

그런데 프랑스 정부는 왜 하필 스트라스부르로 국립행정학교를 이전했을까. 여기에는 지리적·국제정치적 고려가 있었다. 스트라스부르는 프랑스에서는 변방일지 몰라도 유럽 전체로 보면 지리적으로 중앙에 위치한다. 또 유럽공동체의 핵심인 유럽연합(EU) 의회를 비롯해 45개국이 가입한 유럽평의회 본부와 유럽인권재판소, 유럽인권위원회, 유럽청년센터까지 들어서 있는 유럽의 정치·행정 중심지였다.

생태와 환경을 중시하는 국제도시

프랑스 동부권의 중추도시인 스트라스부르는 인구가 30만 명이며, 광역자치단체인 26개 레지옹(Region: 주) 중 가장 작은 레지옹인 알자스의 주도(州都) 역할을 하고 있다. 2007년 초고속열차 테제베(TGV)의 개통으로 교통이 한층 편리해졌고 유럽의 정치·외교 중심지이자 국제도시로서의 위상도 급격히 높아지고 있다. 유럽 국가의 정치인들과 유럽연합 의회 의원들이 수시로 방문해 회의와 토론을 하고, 공무원들의 연수도 잇따르고 있다. 뿐만 아니라 아시아와 아프리카와 남미 등 다른 대륙에서 온 연수생 및 유학생, 관광객들까지 급증하면서 인종과 언어의 경연장이 되고 있다. 작은 프랑스라고 알려진 '프티 프랑스'와 노트르담 대성당 등을 보기 위해 방문하는 관광객만 해도 연간 700만 명 이상이라고 한다. 이는 도시 인구의 20배가 넘는 수치다.

알자스 주정부와 스트라스부르 시는 독일, 스위스와 국경을 접한 국제도시로서의 위상을 십분 살려 지역 경제와 사회 발전의 원동력으로 삼으려 하고 있다.

현지에서 만난 알자스 주정부 도시계획국의 마리 도미니크 베르농 부국장은 "처음에는 금속 · 자동차 부품 · 섬유 산업이 발달했으나 중국 등으로 공장들이 빠져나가면서 제조업이 위기를 맞게 됐다"면서 "최근에는 새로운 산업의 육성 및 투자 유치에 행정력을 쏟고 있다"고 밝혔다. 바이오테크놀로지와 미래 교통 장치 등 첨단 분야를 중심으로 산업 재편 과정에 돌입했고, 기업과 대학 연구소의 유기적 결합을 통한 클러스터화와 외국 기업 유치 등이 산업 재편의 핵심 전략이라고 베르농 도시계획 부국장은 설명했다.

스트라스부르가 실시한 또 한 가지 중요한 도시 정책은 생태 및 환경 측면에서 지속 가능한 세계 최고 수준의 도시를 만드는 것이다. 중세적 전통을 간직한 시가지 전체가 유네스코 지정 세계문화유산에 등재되어 있어 시민들의 자긍심이 높은데, 여기서 더 나아가 환경 생태적 선진화를 통해 세계 일류 도시로 발전시킨다는 계획이다.

이미 스트라스부르 시가 1995년부터 도심지 차량 통행을 단계적으로 줄이기 위해 설치하기 시작한 도시노면전차가 생태 환경적 도시 정책의 대표적인 사례다. 2008년 현재 스트라스부르와 인근 27개 도시 공동체 권역에 걸쳐 5개 노선이 운행 중인 이 100% 저상 도시전차는 프랑스는 물론 유럽에서 최고의 디자인과 시설을 자랑하고 있다. 스트라스부르 지방정부의 환경 · 생태 우선주

스트라스부르에 있는 EU 의회 건물

의는 2005년 완공된 알자스 주의회 건물의 내부를 참나무 및 소나무재로 마감하고 태양열 에너지를 사용하도록 한 데서도 잘 드러난다.

프랑스 알자스 주 스트라스부르에는 EU 의회 건물이 있다. EU 본부는 벨기에 브뤼셀에 있지만 EU의 실질적인 현안들을 심의하고 각종 예산을 확정하는 등 중요한 활동들은 대부분 이곳에서 펼쳐진다.

도시국가를 넘어 지역국가로

그렇다면 이 같은 지역 계획 및 정책은 도대체 누가 어떻게 결정하고 추진하는 것일까. 결론적으로 지방의회와 지방정부, 즉 지역민의 몫이다. 1982년 지방자치제 도입 이후 대폭적인 권한 이양이 이뤄진 데다, 1995년 또 한 번의 법적 장치를 통해 지방정부가 주체적으로 지역 계획을 추진할 수 있게 되었다.

주민의 직접 참여도 보장된다. 지방의회와 정부의 정책 결정 및 예산 통과 이전 단계에서 지역의 민간 전문가로 구성된 경제사회 위원회가 개입해 사업의 필요성과 타당성 등을 점검하고 수정을 요구할 수 있다. 국가는 이 과정에서 보조적인 역할을 한다. 프랑스 정부가 지역 개발 프로젝트 추진과 관련한 지방정부의 재정적 부담을 덜어주고 원활한 업무 추진을 위해 지방과 국가 사이에 맺도록 한 '계획계약제'가 바로 그것이다. 계획계약제는 주정부나 인구 5만 명 이상의 도시가 국가를 대표해 각 지역에 나와 있는 지사(Prefet)와 계약을 맺고 7년마다 갱신하는 것으로, 일단 계획이 성사되면 특정 프로젝트에 대한 지방과 국가의 재정 부담률이 정해져 양측이 반드시 지켜야 한다.

스트라스부르는 2000년부터 2006년까지 알자스 주정부와 콜마르, 물루즈 등 인근 도시들과 합동으로 계약 당사자로서 국가와 '계획계약'을 체결해 7년간 총 12억 유로(약 1조 8000억 원)를 지원받은 바 있다. 매년 가을이면 간부급 공무원들이 서울의 중앙 부처를 찾아다니며 정부보조금을 한 푼이라도 더 확보하려고 '전쟁'을 치러야 하는 부산시를 비롯한 한국의 지방정부 현실과 뚜렷이 대비된다.

프랑스는 한국에서 이제야 싹이 트고 있는 분권형 개헌이라는 숙제를 2003년에 이루어 지방자치 발전에 또 하나의 획을 그었다. 지방정부의 자치에 대한 기대감도 갈수록 높아지고 있다. 하지만 베르농 도시계획 부국장은 "결과는 아직 미지수"라고 했다. 분명히 지방 의회의 입법권 및 주민소환제 등 자율권은 한층 강화되었지만 50%에도 미치지 못하는 지방정부의 자체 재정 수입이 발목을 잡고 있다는 것이다. 베르농 부국장은 "지방정부의 재정이 열악한데 국가도 재정 상태가 넉넉지 못하다. 이제는 정말로 지방이 스스로의 힘으로 살아갈 방도를 찾을 수밖에 없다"고 덧붙였다.

베르농 부국장의 말처럼 아직 프랑스의 지방 분권이 완전한 성공을 거두었다고는 말할 수 없다. 그러나 스트라스부르 등 일부 소도시는 도시국가형에 초점을 맞추기보다는 콜마르와 뮐루즈 같은 인근의 도시들과 수십 개 코뮌이 연합하는 메트로폴리스급 '지역국가'를 지향하고 있다. 특히 알자스 주는 중추 도시인 스트라스부르를, 그곳이 유럽 중심지라는 이점을 앞세워 독일의 프라이부르크, 스위스 바젤 등 인접 국가의 도시들과 정보 공유, 공동 연구 및 연대를 통해 국경을 초월한 '국제적 지역국가'로 발전시킨다는 전략을 펼치고 있다. 부산시가 후쿠오카를 파트너로 삼아 추진하는 초광역경제권과 유사한 사례다.

프랑스의 지방자치를 집중 연구해온 배준구 경성대 교수(행정학과)는 "프랑스는 중앙 집권형 국가에서 지방 분권형 국가로 전환하는 과도기를 지나고 있는데 상당히 느린 듯하지만 실질적인 권한 이양과 지역 자생력을 기르는 방향으로 나아가고 있다"고 말했다.

대부분의 지방이 도시국가의 속성이 가미된 지역국가를 지향하고 있으며, 오는 2020년에는 스트라스부르를 끼고 있는, 알자스를 비롯한 나머지 광역권들도 유럽의 다른 도시들이 앞서 걸어간 것처럼 지역국가로 나아갈 것이라는 전망이다.

부록 1
'도시국가' 전문가 좌담회

일시 | 2008년 4월 25일

장소 | 국제신문사 7층 회의실

참석자 | 강성권(부산발전연구원 박사), 김기홍(부산대 경제학과
교수), 김형오(국회의장), 박인호(부산경제살리기시민연대 대표), 정
낙형(부산시 정무부시장)

사회 | 박창희(국제신문 기획탐사부장)

도시가 국가처럼 국가가 도시처럼 움직이는 시대가 되었다. 지식 기
반 사회의 글로벌 네트워크가 그렇게 만들고 있다. 바야흐로 '도시국
가 시대'다. 〈국제신문〉이 던진 '도시국가' 어젠다는 과연 부산(동남
권)은 물론 나아가 한국을 바꾸는 기폭제가 될 것인가. 2008년 3월 18
일부터 〈국제신문〉 연재를 시작한 '부산 대개조—도시국가를 향하
여' 1차 시리즈를 15회로 끝내면서 좌담회를 마련했다.

사 회 당초 '부산 대개조—도시국가를 향하여' 시리즈를 기획
할 때 한국적 상황에서 과연 '도시국가'라는 용어를 사용
하는 것이 온당한가에 대해 많은 고민을 했다. 그런데 시
리즈가 진행되면서 여러 가지 반응이 쏟아졌다. '신선하
다', '파격적이다' 하는 기대감과 함께, '너무 나간다',
'꿈꾼다'는 우려도 따랐다. 어쨌든 부산을 새롭게 바꿔야
한다는 데는 모두가 공감했다. 이제 던져진 어젠다에 대

해 구체적 실천 전략을 논의할 단계다. 오늘 좌담회가 그러한 논의의 방향타가 되었으면 한다. 우선 '도시국가 부산' 어젠다에 대한 느낌과 소감부터 말해달라.

김기홍   부산에서 고등학교를 졸업한 뒤 서울에서 30년 가까이 살다가 다시 고향인 부산에 돌아와 6년을 살았다. 돌아와서 보니 실제로 서울과 부산의 격차가 매우 크다는 것을 피부로 느꼈다. 다소 심하게 비유하자면 부산엔 횟집과 아파트밖에 안 보이는 느낌도 들었다. 그러면서 놀란 것은 너무나 아름다운 해안 절경을 갖고 있다는 점이다. 세계 어디에 내놓아도 손색없는 해안이다. 여기에 세계적 항만을 갖고 있으니 잠재력이 엄청난 거다. 문제는 이토록 뛰어난 장점들을 도시 발전 에너지로 극대화하지 못하고 있다는 것이다. 이렇게 볼 때 부산시민과 지역사회에 보다 파격적인 어젠다를 던진 것은 의미가 있다고 본다.

박인호   '도시국가'라는 용어는 부산 대개조를 위해 결코 무리한 것이 아니라고 생각한다. 최근 이명박 정부가 수도권 규제 완화 정책을 내놓고 있는 상황에서 〈국제신문〉의 '도시국가' 어젠다 제시는 시의적절한 기획이었다. 세계의 선진국들은 대부분 '투 허브 도시' 전략을 취하고 있다. 그런데 한국은 서울과 수도권이 더 비대해지는 쪽으로 거꾸로 가고 있다.

김형오 부산의 현 상황과 도시 발전 전략, 미래 비전 등 여러 가지를 생각하게 해주는 것 같다. 현실적인 문제들을 고려해 차근차근 실행 가능한 전략을 마련하는 일이 중요할 것이다.

정낙형 '도시국가론'이란 것이 흔히 말하는 싱가포르, 홍콩 등의 경우처럼 '국가'라는 정치적 의미에 무게를 둔 개념이라기보다, 경쟁력을 갖춘 '경제적 자립 도시' 개념으로 이해된다. 이는 광역화된 지역 단위 경제권의 강화된 개념이기도 하다. 중국의 상하이경제권, 선전경제권 등이 예가 될 수 있겠다. 그렇다면 부산도 울산, 경남 등 주변 지역과 연합 또는 협력을 하면서 하나의 경제권으로 나아가야 한다. 이를 바탕으로 서울과의 관계 설정에서 벗어나 일본 규슈 지역과의 교류 활성화를 꾀하는 것이 더 효율적이지 않을까 생각한다. 부·울·경이라는 큰 틀에서 창조적이고 자주적인 발전 전략을 마련한다면 정부는 반대보다 오히려 지원을 할 것으로 믿는다.

강성권 처음 지면을 통해 '도시국가'라는 이야기가 나왔을 때에는 가슴이 철렁했다. 아주 도발적인 개념이자 외침으로 와 닿았다. 그러나 도시국가가 그리 생소한 개념은 아니다. 정치적·행정적으로는 접근이 어렵지만 경제적·의식적으로는 이미 부분적으로 도시국가 개념이 적용되고 있기 때문이다. 선진국들은 이미 나름대로 지방의 역할을 강조, 도시국가적 전략으로 국가의 공간 구조를 개편하고 있다. 도시가 자주성을 가질 수 있도록 권한도 대폭 이양하는 추세다. 영국은 9개 광역권을 더 확대해 자립 경영 체제로 나아가고 있고, 일본은 광역 지방 경제권역을 설정해 도시국가와 같은 기능을 부여하고 있다. 독일 또한 16개 광역권을 9개로 조정, 경제적 역량을 높이려 하고 있다. 우리나라도 분산 · 분권 · 균형발전 정책을 뛰어넘는 보다 강력한 지방 정책을 펴야 한다.

사 회　이제 현실적으로 접근해보자. '도시국가 부산'의 당위성은 인정되었지만, 실행 전략으로 눈을 돌리면 난제가 많다. 이 점에서 부산시와 부산발전연구원이 추진 중인 '국제자유도시'의 개념을 어떻게 보시는지. 그리고 과연 무비자 · 무규제 · 무관세 · 무언어장벽 등 이른바 '4무'가 실현될 수 있다고 보시는지.

박인호　'도시국가'가 그릇이라고 보면 담기는 내용은 국제자유도시가 아닐까 싶다. APEC 직후 부산을 무역투자자유도시로 만들자고 선언했던 것도 같은 맥락으로 이해한다. 그 뒤에 추진했던 해양특별시도 벽에 막혔다. 국제자유도시로 가려면 전략과 전술이 더욱 치밀해야 한다.

정낙형　국제자유도시란 세계에서 가장 능력 있고 실력 있는 사람이 그곳에 가서 뭔가 해보고 싶다고 느끼는 도시가 아

닐까 싶다. 국제자유도시의 요건인 무규제 · 무비자 · 무
관세 · 무언어장벽 등은 어느 것 하나 쉽지 않은 과제다.
경제자유구역만 해도 많은 규제가 그대로 있다. 처음의
의도는 무규제 · 무비자 · 무관세로 가는 것이었지만 환
경 · 교육 · 노동 · 금융 분야의 형평성 등을 고려하다 보
니 진전이 되지 않는다. 외국인과의 자유로운 언어 소통
의 문제도 난제로 꼽힌다. 외국인 출입을 위한 무비자 제
도의 도입은 국가 안보를 저해하지 않는 한에서 가능할
수도 있다고 본다. 가장 중요한 것은 부산시민들의 의식
을 바꾸는 문제다. 당장 할 수 있는 것부터 해나가는 것
도 좋은 방법이다. 의식 개혁 측면에서 외국인에 대한 친
절 운동, 피부색이나 출신 국가별로 차별 대우하는 구시
대적 차별 의식 혁파 운동 등이 그러하다. 국제자유도시
를 이루기 위해서는 다른 시 · 도와 차별화된 전략을 마
련해 부산의 변화 노력과 열망 등을 담아 차등적 권한을
요구하는 것이 적절할 듯하다. 완전한 자치가 이뤄지더
라도 자율적으로 도시를 운영할 수 있는 프로그램, 즉 소
프트웨어가 필요하다. 이런 것이 갖춰져야 중앙정부를
설득할 수 있다.

김기홍 의지를 갖고 실현해가는 과정을 통해 도시국가의 내용과
위상을 만들어갈 수 있다고 생각한다. 도시국가 논의를
할 때 굳이 '국제자유도시'라는 개념에 얽매일 필요는 없
을 것이다. 그러면 논의의 폭이 좁아질 수 있다. 열린 사

고로 다양한 가능성을 놓고 논의하고 토론해야 한다. 도시국가는 목표와 채워야 할 내용, 이를 위한 논의 과정이 폭넓고 광범위할 수밖에 없다. 따라서 지역의 각계 전문가들이 참여하는 가칭 '도시국가 포럼' 같은 것이 필요할 수 있다.

강성권 크게 보면 대한민국 전체가 언젠가는 완전 개방되지 않겠는가. 그 시범 지역이 바로 경제자유구역일 것이다. 지금의 부산진해경제자유구역을 부산 전역으로(진해까지) 확대하면 어떻게 될까. 그러면 자연스럽게 전역이 국제자유도시가 된다. 곧 도시국가 형태가 되는 것이다. 중국은 홍콩 반환 전 선전을 시범적으로 개방화 지역으로 운영해 성공했다. 우리의 경우, 무비자 부분은 오는 8월부터 전자여권이 발행되므로 그렇게 힘든 문제는 아니라고 본다. 국제자유도시 도입을 논의하게 되면 도시정부의 역할과 기능이 중요하다. 도시정부는 그 도시의 인구, 공간, 활동을 다루는 도시 정책 행위의 주체이기 때문이다. 이런 관점에서 현재 부산시는 국제자유도시의 실현을 위해 적극적으로 시범 사례를 만드는 등 특별법 제정을 위한 여러 가지 방안을 강구하고 있다.

김기홍 논의를 전개할 때 특별법과 같은 제도적 부분에 너무 함몰되는 것은 바람직하지 않다고 본다. 도시국가로 발전하려면 크게 두 가지 방법이 있을 수 있다. 첫 번째는 제도를 먼저 만드는 방법이고, 두 번째는 밑으로부터의 시민운동을 통해 자연스럽게 도시국가 형태로 나아가면서 제도를 뒷받침하는 방법이다. 시민단체들의 작은 캠페인에서 시작될 수도 있다. 영어 공용화를 위해 필수 생활영어를 위한 100문장 외우기나 영어 간판 달기 운동을 전개할 수도 있다. 또 부산시는 간부 회의를 한 달에 한 번씩은 영어로 진행할 수도 있다. 지역 대학들이 전체 강의의 30% 이상을 영어로 진행하게 함으로써 글로벌 마인드를 갖추게 하는 방법도 있다. 이 같은 분위기가 확산되고 정착되면 부산은 자연히 글로벌 경쟁력을 갖춘 도시국가 사회로 발전하는 것이다. 이러한 기반 아래서 정부에 도시국가로의 전환 당위성을 주장하고 법적 · 제도적 뒷받침을 요구하면 누가 들어주지 않겠는가. 그러지 않고 필요성에 따라 특별법부터 요구한다면 해양특별시 추진 때처럼 또다시 실패할 가능성이 있다.

강성권　충분히 이해하지만 크게 우려하지 않아도 될 듯하다. 부산발전연구원에서 제주특별자치도 및 국제자유도시 조성에 관한 특별법, 광주문화중심도시특별법 등의 제정 과정과 시행착오 등을 확실하게 파악해놓고 있다. 이 같은 인식 아래서 우리만의 법제화 프로세스 및 논리를 강구하는 중이다. 강력하고 필연적인 것이라는 논리 마련을 위해 고심하고 있다.

박인호　도시국가 논의 과정에서 정부와의 충돌 가능성도 예상해
야 한다. 정부가 과연 부산에 특별한 지위를 그냥 주겠는
가. 시민사회와 지역 정치권이 합심해 특별법을 먼저 이
끌어내야 한다고 본다.

정낙형　특별법은 중요한 문제다. 하지만 나는 법률뿐 아니라 시
민의 참여와 의식 개혁이 선결 과제라고 생각한다. 법에
기대어 문제를 풀기보다 시민들의 의식과 노력이 앞서나
가면 더할 나위 없이 좋을 것이다. 그러다 보면 경제자유
구역이 확대되고 나아가 국제자유도시 사업도 단계적으
로 진행될 것이다.

김형오　도시국가로 가는 방법론이 엇갈리는 것 같다. 이야기를
들어보니 시민단체 대표는 법과 제도 부분이 우선이라고
하고, 공직자는 시민운동이 우선이라고 한다(전원 웃음). 과
거 신발 산업 정책이 말해주듯 부산은 안 되는 것을 붙잡
고 있다가 새로운 동력을 찾지 못한 채 지금의 위기를 맞
았다. 이제는 정말 우리가 초일류 선진 도시로 나가기 위
해 어떤 산업을 육성하고 도시를 어떻게 변화시킬지에 대
한 확고한 비전을 마련, 실행에 옮길 때다. 노력은 하겠지
만 특별법은 결코 쉽게 이뤄지지 않는다. 경주는 역사문
화도시특별법을, 전주는 전통문화도시특별법을 이야기한
다. 전국의 모든 도시가 특별법을 부르짖는다. 부산이 국
제자유도시 특별법안을 준비 중인 것으로 알지만, 무조건

밀어붙이다가는 전국적으로 일어나는 특별법 아우성 중 하나로 인식돼 실패할 수 있다. 정부도 당분간 지역 관련 특별법은 해줄 수 없다는 입장이다. 따라서 시민사회의 여론 형성을 통해 부산 스스로 변화하는 모습을 보이면서 실천에 나설 때 정부도 수긍할 것이다. 이게 유효한 전략이 아닐까 싶다.

사 회 특별법 논의는 신중할 필요가 있다. 해양특별시특별법 추진 과정의 시행착오를 되풀이할 수 있기 때문이다. 도시 국가 어젠다는 중장기적인 관점에서 접근해야 할 문제로 보인다.

강성권 법안 마련을 하고 있다고 해서 무조건 법제화를 밀어붙인다는 의미는 아니다. 입법 단계 이전에 기본 구상 단계가 있다. 시민 의식 제고와 여론 형성 등은 기본 구상 단계에 속한다. 그 이후에 입법 단계와 최종 실현 단계로 발전시켜나간다. 시민 의견 수렴은 필수 절차다. 부발연(부산발전연구원)에서 이를 위한 태스크포스 팀을 운영하고 있다.

김기홍 법제화가 무의미하다는 것이 아니라 시민사회의 움직임과 '함께' 가야 한다는 것이다. 그래야 입법 과정이 수월해진다. 또한 그래야만 법이 만들어진 후에도 동력을 가질 수 있다. 어설픈 법만 만들어놓고 실행이 뒤따르지 않은 사례가 많다.

김형오 16년 전 국회에 처음 진출해 본회의 연설에서 던진 주제가 바로 '도시경쟁력이 국가경쟁력이다'였다. 그때도 수도권의 대칭으로 부산을 중심으로 한 동남경제권을 육성해야 한다고 역설한 기억이 난다. 그런데 아직까지도 지지부진하다. 도시국가를 이야기할 때, 우선은 국민 정서 부분에 대한 고려와, 혹시라도 있을지 모를 거부감을 상쇄할 수 있는 치밀한 내부 전략이 있어야 한다. 특별법을 밀어붙이다가는 다른 도시들로부터 역공을 당할 수도 있다. 새 정부의 지방 정책은 지역 간 대립이 아니라 서로 원원하도록 하자는 것이다. 상식적으로 될 것 같은 일들이 쉽게 되지 않는 경우가 얼마나 많은가. 부산은 세계 5위의 컨테이너항이지만 국내 해운 회사 114개 중 113개의 본사가 서울에 있다. 부산에 본사를 둔 회사는 단 1개뿐이다. 부산의 매력과 잠재력을 말로만 부르짖을 것이 아니라, 어떻게 하면 부산의 매력을 현실에 접목시킬 것인가를 고민해야 한다. 도시국가론의 핵심도 바로 그런 문제라고 생각한다.

사 회 중앙과 지방, 수도권과 비수도권의 관계를 정상화하는 것은 쉬운 문제가 아니다. 이번 시리즈를 진행하면서도 곳곳에서 발목이 걸렸다. 어떤 관계가 바람직한가.

김형오 이명박 대통령 후보 시절 내가 '국가일류비전전략수립위원회'를 맡았는데 당시 김문수 경기도지사가 하는 말이 수도권 규제만 풀어주면 50조 원을 풀어 지역 개발에 쓸 용의가 있다고 했다. 그때 문득 '부산은 돈이 얼마나 있을까' 하고 생각했다. 부산시는 서낙동강 일대의 그린벨트를 풀고 산업 단지와 물류 단지를 조성하면 되리라고 보는 것 같다. 일리가 있고 절박한 문제인 것은 사실이다. 그러나 이런 것들이 미래형 비전이냐 하는 것은 다시 생각해볼 문제다. 오히려 바깥으로 눈을 돌리는 것이 더 타당하지 않을까 싶다. 현재 추진 중인 부산—규슈 초광역 경제권은 새로운 시장 개척의 의미가 있다.

사　회　도시국가로 가야 한다는 공감대는 형성되는 것 같다. 어떻게 가야 하고 무엇부터 해야 하는가.

김기홍　어젠다 제시가 일회성에 그쳐서는 안 된다. 시민사회와 부산시, 경제계, 정치계 등 각계에서 지속적인 논의와 고민이 따라야 한다. 국제 세미나도 검토해보았으면 한다. 실행 전략을 마련해나가는 과정은 다양한 의견 수렴에서 출발해야 한다.

박인호　국가 차원의 국토 정책 변화가 필요하다. 나는 광역경제권 구상이 현실적이지도 않다고 생각하고, 거기서 큰 효과를 기대하지도 않는다. 현장에서 느끼는 지역 이기주의가 상당히 강하기 때문이다. 이는 결국 행정 구역 문제에서 비롯된다. 중앙 집중을 강화하는 현행 조세 제도도 문제다. 지방에서 걷는 세금 중 절반은 지방에서 써야 한다. 리더십이 중요하다. 정치권이 지역의 비전과 활로에 대해 더 많은 관심을 가져야 한다. 도시국가 어젠다에 대한 시민적 관심이 높은 만큼 포럼 형태로 구체화하는 작업이 있었으면 한다.

사 회 국회에서 행정 구역 개편 논의는 진행되고 있는지.

김형오 이 문제는 반드시 이뤄져야 할 부분이다. 그런데 쉽지는 않다. 과거엔 나누고 쪼개면 좋은 줄 알았는데 이제 보니 폐해가 나타나고 있다. 행정 통합은 저항이 만만찮다. 정부 인수위 부위원장 시절 정부 조직 개편 때도 얼마나 어려웠나. 부·울·경의 경우 하나로 통합되어 광역경제권으로 나선다 해도 세계와의 경쟁에서 승리를 장담할 수 없다. 새 정부에서 이 문제를 풀기 위해 노력 중이다.

사 회 이명박 정부의 지방 정책과 지금 논의하는 도시국가 전략을 어떻게 맞댈 수 있을까.

강성권 수도권 규제 완화가 수도권 강화 정책으로 비춰지는 면이 있다. 그래서 지방에서 반발하고 있다. 그런데 달리 생각하면 그게 도리어 지방에 기회가 될 수도 있다고 본다. 수도권 규제를 푼다는 것은 지방의 규제, 즉 부산과 동남권 발전을 제약하는 규제를 푼다는 의미로도 해석할 수 있기 때문이다. 지방이 나름의 전략을 갖고 대응해 기회를 만들어야 할 것이다.

김기홍 부산은 지금 절박하다. 중앙정부에 대해 특단의 방식으로 문제를 제기하지 않으면 먹히지 않는다. 부산은 제조업 중심에서 지식 기반 첨단 산업, 서비스 산업 중심지로 서서히 변화를 꾀해야 한다. 제조업은 한계가 있다. 금융·유통·문화·영상·교육·첨단 R&D 등에서 살길을 찾아야 한다. 지역의 변화 역량을 보여주면 중앙정부도 지원할 것이다.

박인호 현 정부의 수도권 규제 완화 정책은 시기상조라고 생각한다. 영양실조에 걸린 지방부터 살려놓고 수도권 규제를 풀어도 풀어야 한다.

정낙형 사실 수도권 규제 완화는 과거 20년간 지속적으로 이뤄져 왔다. 여기서 도시국가 화두와 관련해 우리가 자생적으로 어떻게 할 것인가를 고민해보자. 사실 수도권보다 더 좋은 입지를 부산에도 만들어주면 외국인 투자자가 온다. 기업하기 좋은 도시를 위해서는 환경·교육·의료·노동 분야의 규제를 전향적으로 푸는 방안을 찾아야 한다. 우선은 시민적 컨센서스를 만드는 게 중요하다고 본다.

강성권 부산에 왜 외국인들이 안 올까? 돈이 되지 않는다고 생각하기 때문이다. 규제가 너무 많다. 경제자유구역의 배후지는 아직 허허벌판이다. 자유로운 경제 활동이 보장되지도 않는다. 여기에 누가 투자하겠나. 중앙정부에 요구해야 할 문제가 산적해 있다. 대립이 아닌 상생의 논리를 개발해야 한다.

김형오 수도권 규제 완화를 넓게 보면 지방에도 기회가 될 수 있다. 수도권 규제를 묶는다고 경기 지역의 공장이 부산으로 올까? 정부의 고육지책을 이해하고 부산의 살길을 찾아보자. 수도권을 풀면서 지방을 묶어두진 않을 것이다. 별개의 이야기지만, 실익을 챙기는 게 중요하다. 영도에 최근 크루즈 부두를 개장했는데 그곳의 손님이 부산에 얼마만큼 이익을 안겨주느냐? 돈을 거의 쓰지 않는다고 듣고 있다. 관광객들이 돈을 쓰게 만드는 전략이 있어야 한다. 이런 부분은 서울이 못한다. 부산만 할 수 있는 서비스 상품을 키워내야 한다. 항만 서비스가 바로 그것이다. 이런 것부터 하나하나 풀다 보면 4~5년 뒤엔 도시국가라는 콘셉트가 낯설지 않게 다가올 것이다.

사　회 좋은 의견들 잘 들었다.

일시 | 2008년 7월 7일

장소 | 국제신문사 5층 회의실

참석자 | 도시국가 포럼 창립 회원: 강성권(부산발전연구원
박사), 김기홍(부산대 경제학과 교수), 김해몽(부산참여자치시민연대
사무처장), 박명흠(부산시의회 정책연구실장), 박인호(부산경제살리
기시민연대 공동 대표), 장제국(동서대 부총장), 조성렬(동아대 국제
무역학과 교수), 이영(부산상공회의소 상근부회장)

사회 | 황한식(지방분권국민운동 상임의장, 부산대 교수)

사 회   지방화 시대의 새로운 도시 발전 어젠다로 제기된 '도시
국가 부산'이라는 주제에 대한 심도 깊은 논의를 해보자
는 취지에서 '도시국가 포럼'을 창립하게 됐다. 시민 공
감대의 확장과 도시국가로 가는 구체적인 실행 전략들이
광범위하게 다뤄질 것으로 기대된다. 포럼의 창립 토론회
인 만큼 우선 다시 한 번 명칭과 운영 방식에 대한 의견
결집의 시간부터 갖도록 하자. 명칭의 문제는 우리 포럼
의 정체성을 확실히 하고 그 속에 어떤 콘텐츠를 담아낼
것인가를 규정하는 사안이기 때문에 중요하다. 일단 가칭
'도시국가 포럼'이라고 붙여봤는데 이 부분에 대한 의견
부터 말해달라.

박인호   도시국가 테마는 그야말로 서울공화국 대 부산 도시국가

의 대칭적 구조를 형성하는 데까지 나아가자는 원대한 포부이자 희망이다. 내용 면에서는 국제자유도시로서의 지위를 영위하면서 주변 연관 지역까지 아우를 수 있는 '지역국가(region-state)'를 지향해야 한다고 생각한다. 명칭 부분에서는 '도시국가 포럼'이 적절할 것 같다. 굳이 부산을 앞에 붙일 필요는 없을 것이다. 경남과 울산 등 타 지역과의 연대 가능성을 열어두기 위한 것이다.

이 영 부산이 현재 지향하는 도시는 말 그대로 독립을 선언하는 별도의 독립국가가 아니다. 세계적 경쟁력과 개방성, 자율성을 가진 국제자유도시를 지향하고 있다. 도시국가라는 명칭에 너무 집착하면 부산이 아닌 다른 지역에서 적잖이 거부감을 느낄 수도 있을 것이다. 그래서 '세계도시 포럼'이 어떨까 한다. 그렇게 되면 내용은 충실히 담아내면서, 외부의 거부감도 덜 수 있지 않을까.

장제국 현재 세계적으로 도시국가라 할 수 있는 사례들을 보면 크게 세 가지 정도로 나눌 수 있다. 과거의 역사적 개념이 아닌 현대적 개념에서. 우선 모나코와 싱가포르 등 완전한 주권을 가진 도시국가가 있다. 또 비주권 도시국가로 워싱턴DC나 런던, 함부르크처럼 특별시 형태의 도시국가형 도시가 있고 고도의 자치권을 가졌지만 주권은 없는 홍콩, 마카오 등의 형태도 있다. 따라서 우리 부산이 추구하는 도시국가가 과연 어떤 형태여야 할 것인가에 대한

정의가 필요하다. 오해하기 쉬운 부분이지만 우리가 추구하는 도시국가는 완전한 주권을 가지고 외교권과 군사권까지 행사하는 독립국가는 아닌 것 같다. 경제적·행정적 의미가 많이 담긴 고도의 자치형 도시국가일 것이다. 따라서 이러한 일부의 오해를 불식시키는 노력을 병행한다는 것을 전제로 하면서 부산의 가치도 한 번 더 강조할 수 있는 '도시국가 부산 포럼'으로 명칭을 설정하는 것도 괜찮을 듯싶다.

사 회 여러분께서 좋은 말씀을 해주고 계신다. 또 다른 의견을 받고 싶다.

박명흠 내용상으로는 국가의 개념보다는 국제자유도시가 추구하는 것을 담아야 한다. 하지만 그 명칭은 다소 진부한 면도 없지 않다. 주목성과 획기적 사고 전환에 유리하다는 측면에서 '도시국가 포럼'이라는 명칭이 끌리는 것도 분명하다. 그런데 현실적으로는 도시국가보다 국제자유도시가 좀 더 실현 가능성이 높다. 전술적 개념과 실질적 내용의 개념이 약간 상충하는 것 같다.

김기홍 〈국제신문〉이 2008년 3~4월에 '도시국가 부산' 시리즈를 시작할 때 파격적이고 독특하다는 느낌을 받았다. 이것은 서울 중심의 대한민국, 중앙정부 주도의 미완성된 지방자치에 대한 반성과 진정한 의미의 국가경쟁력을 높이려는 고민의 발로일 것이다. 지금 현재 부산에서 일고 있는 도시국가에 대한 논의가 향후 전국적으로 지방 혁신과 변화의 열망을 쇄신하는 역할을 할 것으로 믿는다. 또한 중앙정부와 서울로 집중화된 사회에 대한 일종의 안티(anti) 개념이면서 부산시민들에게는 정체성을 강화하고 변화에 대한 새로운 추동력을 부여하는 것으로 도시국가 어젠다를 바라보고 있다. 즉 대한민국이라는 국가로부터 독립을 한다는 의미의 도시국가가 아니라 자치권, 자율적 경제권, 행정 분권이 실현된 글로벌 경쟁력을 갖춘 도시국가를 말하는 것이다. 이는 결국 논의가 심화되고 확대되어가는 과정에서 자연스럽게 연방제처럼 제도의 틀을 바꾸는 수준으로까지 나아갈 수 있다고 본다.

조성렬　　그동안의 많은 노력에도 불구하고 지방 분권 부분은 아직 제대로 정착되지 못하고 있는 것이 사실이다. 그런 의미에서 보면 이제는 선언적 의미에서라도 도시국가 제언과 같은 충격 요법이 필요한 시점이다. 또한 지방의 역량을 애써 과소평가하려고 하는 중앙정부도 놀랄 정도의 획기적인 선언과 노력이 필요하다. 대학에서 강의를 할 때나 외부 활동을 할 때나 늘 느끼는 것은 현재와 같은 중앙(서울) 중심적 현실이 더는 지속되어서는 안 된다는 점이다. 그래서 '도시국가'라는 이름으로 지역민들에게 동기 부여를 할 필요가 있다. 그리고 덧붙이자면 고도의 자치권을 가진 도시국가 형태의 세계 주요 도시들은 모두가 금융이 고도로 발전해 있다. 싱가포르, 홍콩, 프랑크푸르트, 런던, 뉴욕 등은 모두가 고도의 자치권을 갖고 있으면서 물류 또는 교통의 중심지이고 금융의 중심지이다. 우리 부산이 도시국가로 가는 길에서 반드시 풀어야 할 과제는 금융 중심지가 되는 것이다.

사 회 개인적으로, '도시국가'라는 이름은 지방 분권 운동을 수 년간 해온 입장에서 보더라도 대단히 신선하고 매력적인 것이다. 하지만 몇몇 회원이 약간의 유보적 의견을 제시해준 것 역시 분명히 일리가 있다. 그래서 융통성을 두었으면 한다. 당초대로 가칭 '도시국가 포럼'이라고 하되 추후 진전 과정에서 개칭 필요성이 재차 제기되면 변경 논의를 하도록 하자.

명칭에 대한 논의 과정에서 자연스럽게 우리가 추구하는 도시국가의 성격 규정에 대한 말씀들이 나왔다. 그래서 도시국가로 가는 길에서 풀어야 할 과제와 채워 넣어야 할 내용에 대한 논의를 본격적으로 해보자.

우선 '도시국가 부산'을 위해서는 분권 실현이라는 정치 사회적 과제가 있을 것이고, 경제적 자율성을 갖기 위한 과제가 있을 것이며, 시민의 문화적·의식적 과제와 인프라 시설 등 물적 토대까지 요구된다고 하겠다. 그 같은 과정에서 국제적 거점도시화의 전략도 마련돼야 할 것 같다. 이영 부회장님을 비롯한 다수의 분들이 우려를 표명하는 경남·울산권과의 연대와 네트워크 구축 등에 대해서도 논의가 필요하다.

이 영   언론사의 기획 시리즈 보도와는 달리 거기서 한발 더 나아가 시민 포럼이 결성되고 실행 전략까지 논의하게 된다면 현실에서 많은 난제에 직면하게 된다. 규제 문제가 특히 걸림돌이 될 것이다. 이 문제에는 각종 법적 · 제도적 변화가 수반돼야 할 것이다. 또한 처음부터 너무 목표가 거창하면 현실성이 떨어질 수 있다. 누차 강조하지만 우리 포럼에서는 현실적인 부분부터 접근해나가도록 하자.

사 회   좋은 지적이시다. 우리가 도시국가를 이야기할 때 일견 비현실적인 느낌을 주기도 하겠지만 엄밀히 말해 현실적인 부분도 반드시 있다. 제주특별자치도와 같은 개념을 굳이 예로 들지 않더라도 이명박 정부의 지방 정책을 이야기할 때 실질적 지방 분권과 광역경제권의 추진 등 크게 두 가지로 분류된다. 또한 한반도선진화재단의 일본 도주제(광역분권형 국가 운영 전략, 경제적 연방제 개념)를 포함한 여러 가지 개념이 포럼을 통해 논의되고 있고 여론이 형성되고 있다. 서울 쪽에서는 특히 최근 들어 새로운 국가 운영 형태가 필요한 시기라는 점에 초점을 두고 지방화 전략 논의가 이루어지고 있기도 하다. 그런데 우리 포럼의 논의 주제가 반드시 비현실적이라고 할 수야 있겠는가.

박명흠   도시국가를 주제로 운영되는 우리 포럼의 지향점을 궁극

적으로 연방제 수준의 국가 개조, 지방 권한의 완전한 성
취로 잡으면 어떨까 싶다. 필연적으로 법적 · 제도적 문제
가 발생할 것이고 행정 구역 개편 등의 과제까지 논의돼
야 할 것이기 때문이다.

박인호 국제자유도시의 내용을 담아내면서 부산의 경쟁력이 한
국의 경쟁력을 강화한다는 논리를 개발하는 것이 중요하
다. 특히 '도시국가 부산' 논의가 국가적으로도 결코 손
해가 되지 않는다는 생각을 하고 있고, 또한 이것을 대정
부 논리로 내세울 수 있다. 논의가 현실적으로 차근차근
진행돼가는 과정에서 새로운 지방 분권 운동의 전환점으
로 '도시국가론' 이 자리매김할 수도 있다.

장제국 〈국제신문〉의 1차 시리즈를 보고 나름대로 연구해본 결
과, '도시국가 부산' 이라는 것이 국가 권력으로부터의 완
전한 독립을 한 정치 체계로서의 개념은 아닌 것 같다. 따
라서 우리가 당장 연방제 등 정치제도적 부분까지 건드릴
필요는 없을 것 같다. 경제적인 부분에 논의의 초점을 맞
춰야 한다.

조성렬 동의한다. 일단은 경제적 자주성과 자립을 어떻게 이룰
것인가에 대한 논의에 집중하자.

이 영 경제적 자립을 위한 방안 논의를 할 때 우선적으로 규제

철폐 문제를 짚어야겠다. 부산에서 발생하는 연간 3조 4000억 원이 넘는 세금이 중앙정부로 가지만 교부금으로 되돌아오는 것은 1조 원가량에 불과하다. 이런 부분도 규제라면 규제다. 결국 경제와 관련해서도 제도적 해결 과제가 만만치 않다.

김기홍 당초 도시국가를 이야기할 때 궁극적 지향점이 경제적 자립과 자율성이 보장된 잘사는 도시를 건설하는 것이었다. 그런 면에서 경제적 자율성이라는 큰 틀을 내포하고 있는 것이다. 경제적 자율성이 보장되는 도시국가를 지향하는 과정에서 반드시 필요한 여러 가지 사안이 있을 것인데 예를 들어 연방제 논의와 같은 부분도 자연스럽게 제기될 것이다. 추가적으로 논의하자는 데 이의가 없다.

사 회 기본적인 지향점은 경제적으로 번영하는 도시, 시민이 잘 사는 도시일 것이다. 이를 위해서도 지방자치의 획기적 전환과 지방 분권의 실현이 필요하다. 덧붙이자면 오랜 동안의 지방 분권 운동과 정부 차원의 지방화 노력이 있었지만 크게 성과는 없다고 한다. 하지만 과연 무엇 때문에 지방 분권이 제대로 안 됐는가 하는 부분도 분석이 필요하다. 그것은 지방 분권의 실현을 위해서는 일부 시민 단체나 지자체의 노력만으로는 힘들다는 점이다. 지방인의 공감대와 역량 결집이 미흡했다는 것이 어쩌면 가장 큰 원인일 수 있다. 도시국가를 위한 현실적 방안들을 논의해보자.

박인호   경제적 자립의 내용을 채워나가기 위한 필요조건이 몇 가지 있다. 제도적 근거 마련이 필요하다는 것이다. 첫 번째로는 부산시가 추진하고 있는 국제자유도시 특별법을 통과시키기 위한 노력이 있어야 한다. 두 번째는 지방 재정의 자율권을 위해 조세 부분에서 국세와 지방세의 비율 조절과 부가가치세 제도의 변화가 있어야 한다. 세 번째로는 각종 개발 사업에 필요한 인허가부터 관리·감독권을 중앙정부로부터 넘겨받아야 한다.

조성렬   부산 경제가 우울하고 어려운 것은 금융이 뒷받침되지 않아서라고 본다. 그러다 보니 산업 구조의 개편에도 실패했다. 사실 부산의 지리적 이점과 물동량 규모가 갖는 장점을 경제 수준이 따라가주지 못하고 있다. 금융 산업의 부진이 그 주된 원인이라고 본다. 그런데 마침 정부에서 금융중심지법을 마련해서 복수의 금융 중심지 지정을 할 태세다. 부산이 금융 중심지로 지정될 수만 있다면 서울과 동등한 입장에서 그 대척점으로서 존재의 폭을 넓힐 수 있다. 반대로 금융 중심지 지정 싸움에서 탈락한다면 부산 경제는 말 그대로 초토화될 수 있다. 지식 기반 21세기형 산업의 강화 전략도 실패할 수밖에 없는 중차대한 당면 과제다. 이런저런 사정상 부산은 결코 유리한 입장이 아니다. 오히려 힘들다는 게 맞을 것이다. 그래서 우리는 지역의 역량을 결집해 금융 중심지 지정부터 성공시켜야 한다. 그래야만 경제적 자립을 위한 기초 토대가 마련되는 것이다. 실패한다면 도시국가의 내용도 부실해질 수밖에 없다. 11월께 지정 예정인데 서울과 부산 인천 제주 등이 경쟁하고 있다(2009년 1월 21일 금융위원회는 서울 여의도와 부산 문현동 두 곳을 금융 중심지로 지정했다._편집 주).

사 회 도시국가로 가기 위해 우선 필요한 당면 과제로 금융 중심지 지정부터 따내야 한다고 강조해주셨다. 좋은 말씀이다.

박명흠 우리 포럼이 어떤 역할을 할 것인지 구체적인 전략 실천 과제를 논의해보자. 그 가운데서도 부산만 단독으로 도시국가로 가자는 것에서 그치면 안 되고 울산·경남을 포함해 전국 각지의 공감대를 획득해 연대해나갈 수 있는 논리를 만들자. 그래야만 연방제 등의 논의도 힘을 얻을 수 있다. 또한 현재 이명박 정부의 광역경제권 정책 아래에서 갑자기 도시국가를 이야기했을 때 관철될 수 있을지 걱정이다. 그래서 광역경제권 정책에다 우리가 추구하는 고도의 자치권, 경제적 자율성 등을 콘텐츠로 녹여내서 지방 주도형 광역경제권의 확립으로 맞춰나가는 것도 상당히 의미가 있고, 현실적인 논의를 이끌어낼 수 있을 것이다.

장제국   오늘은 포럼이 창립되는 날이며 1차 토론회다. 그래서 앞으로 논의했으면 하는 과제를 세 가지 정도 생각해봤다. 첫 번째는 부산이 지역 자체의 시장 개척을 어떻게 해나갈 것인가이다. 외부로 나아가는 시장 부분과 외부인을 끌어들이는 내부 시장 부분을 아우른다는 의미에서의 시장 개척이다. 예를 들어 부산—규슈 초광역경제권을 도시국가 전략에 끌어들이는 방법에 대한 논의도 있을 수 있다. 두 번째로는 글로벌 기준에 맞는 시민 의식 및 행동 양식 고취와 관련해서 과연 시민들이 받아들일 수 있는 적절한 수준의 개방화가 어느 정도여야 할지에 대한 논의가 필요하다. 세 번째로는 부산시 등 관이 주도하는 정책 드라이브나 실행에 대한 문제점과 아울러 민관 협치의 가능성에 대한 논의다. 예를 들어 두바이는 정책 개발은 정부에서 하지만 실행은 두바이홀딩스컴퍼니 같은 별도의 민영화된 기관이 전담한다.

사 회   자치, 분권, 경제 자율성의 문제, 시민 의식과 문화의 문제, 거버넌스의 역할 및 민관 협치에 대한 문제 등 논의 과제가 나왔다.

이 영   조성렬 교수님은 부산 경제가 지리멸렬한 원인을 금융 산업 육성의 실패와 위축에 두셨는데 나는 조금 다르게 본다. 결국 규제의 문제다. 부산이 과거 주도 산업의 몰락과 산업 구조 개편에 실패할 수밖에 없었던 데는 엄연한 지방인데도 불구하고 대도시라는 점 때문에 중앙정부가 수도권 규제와 맞먹는 수준의 규제를 해왔기 때문이다. 공장 용지가 부족한데, 즉 서부산권밖에 쓸 땅이 없는데 그곳을 30년 이상 그린벨트로 묶은 것이 규제의 상징으로 남아 있고 42년 전 지정된 문화재 보호 구역도 조정이 되지 않고 있다. 또한 경제적 자립을 위해서는 정부교부금에 목매는 지금의 수준으로는 안 된다. 이제는 권리를 찾는 쪽으로 가야 한다. 우리 목소리를 낼 수 있어야 한다.

사 회 규제 해제가 실은 지방 분권과 별개의 개념이 아니다. 최근에도 국토해양부가 일부 도시 계획 권한을 지자체로 넘긴 것으로 안다.

김 기 홍 '도시국가 포럼'의 근본 목표와 성격을 '부산을 어떻게 바꿀 것이냐'는 측면에서 진행했으면 싶다. 그래서 지역민은 물론 대한민국의 변화를 이끌어가는 새롭고 신선한 아이디어 발전소이자 모멘텀으로 작용할 수 있도록 노력하자.

사 회 부산에 살고 있는 우리의 현재 모습을 바탕으로 우리의 주체성을 살려내고 우리가 가야 할 길을 만들어나가는 뜻 깊은 포럼이 될 수 있으리라 믿는다. 그간의 담론과 노력을 도시국가론에 모아나가는 역할을 할 수 있다. 덧붙이자면, 그동안 지방 분권이 제대로 이뤄지지 않은 원인은 지역 주체인 지방자치단체와 사회단체, 시민들이 자기 주도적 역량과 추동력을 갖추지 못했기 때문이다. 결코 중앙정부의 비협조가 근본 원인이 아니다. 따라서 지방민들의 힘을 어떻게 모아갈 것인지, 시민사회단체와 지방자치단체가 어떻게 힘과 논리를 결집해나갈 것인지 방안을 찾는 것이 중요하다. 그 속에서 리더십과 시민적 공감대의 시너지 효과를 창출할 수 있을 것이다.

이 영   도시국가 전략을 논의할 때 지방 분권을 지나치게 강조하는 것은 좀 생각해볼 문제다. 힘이 떨어질 수도 있다.

사 회   오늘 창립을 겸한 1차 토론회였는데도 불구하고 아주 중요한 논의와 의견 개진이 많이 있었다. 이제 출발이라고 생각하자. 오늘의 포럼 토론회를 정리하자면, 명칭은 일단 가칭 '도시국가 포럼'으로 정했다. 포럼이 기본적으로 지향해야 할 방향은 경제적 자립, 정치적 자치(분권 실현), 시민공동체 의식 및 역량 형성 등이며 이를 위한 세부적 논의를 해야 한다는 제안도 있었다. 또한 유럽 등에서 활발히 확산되고 있는 지역국가와 같은 내용을 가진 '도시국가 부산' 실현을 위한 당면한 접근 과제로 국제자유도시 특별법의 현실화와 금융 중심지 지정 필요성 등 중요한 과제들도 다뤄졌다. 또한 광역경제권 정책에 대해 이야기를 나눴고, 그것과 도시국가론을 내용 면에서 어떻게 연계해나갈지, 동남권 지역과의 연대 가능성과 행정 구역 개편 등 거버넌스에 해당되는 문제와 관과 시민의 협치 문제도 중요 의제로 다루었다. 이들 모두를 우리 포럼에서 별도의 세부 주제로 설정해 심도 있는 논의를 해나가도록 하자.

이　영　중앙정부의 규제 문제는 지방 분권 범주에 묶지 말고 별도의 항목으로 논의하자.

박인호　초광역경제권 문제도 논의 주제로 설정했으면 한다.

사　회　좋은 지적이다. 격의 없이 솔직하게 열띤 토론을 벌여주신데 감사드린다. 우리는 지금 출발선에 서 있다. 너무 성급하게 생각하지 말고 조금씩 차근차근 나아갔으면 한다.

일시 | 2008년 9월 26일

장소 | 국제신문사 편집국 회의실

참석자 | 강성권(부산발전연구원 박사), 김기홍(부산대 경제학과
교수), 김해몽(부산참여자치시민연대 사무처장), 박명흠(부산시의회
정책연구실장), 박인호(부산경제살리기시민연대 상임의장), 조성렬(동
아대 국제무역학과 교수), 이영(부산상공회의소 상근부회장), 장형철
(지방분권국민운동 사무처장), 황한식(지방분권국민운동 상임의장 · 부
산대 교수)

사회 | 박창희(〈국제신문〉 기획탐사부장)

사 회   부산의 미래 비전을 찾자는 차원에서 출발한 '도시국가'
논의가 시작된 지 7개월가량 됐다. 그동안 1, 2차에 걸쳐
총 25회 시리즈를 내보냈다. 찬반 논란과 함께 다양한 의
견이 나왔다. 이를 통해 지역 문제를 새로운 각도에서 들
여다볼 수도 있었다. 그간의 총평을 포함해 최근의 국내
현안 등을 곁들여 의견을 말해달라.

이 영   〈국제신문〉의 선창으로 '도시국가 부산' 논의가 진행되
고 있을 때 국내에 아주 많은 상황 변화가 있었다. 행정
구역 개편, 분권 개헌, 수도권 규제 완화에 따른 지방의
위기감 고조 등 여러 가지 문제가 급박하게 돌아가고 있
다. 따라서 '도시국가 부산' 논의가 부산 사람들만의 '꿈

과 희망' 정도에 그쳐서는 안 된다. 현실적인 부분과 접
목해나가야 힘이 실린다. 이렇게 볼 때 지금 부산시가 추
진 중인 강서국제산업물류도시와 같은 것과 연관시켜보
는 것도 유용하다. 여러 가지 정황상, 어쩌면 아주 좋은
기회가 될 수도 있다. 아울러 부산진해경제자유구역을 포
함시켜 강서국제산업물류도시를 확대하면 도시국가의 실
험적 모델을 만들 수 있다고 본다.

강성권 지역의 발전이라는 목적과 취지에서 이영 부회장 말씀에
공감한다. 말이 나왔으니 부산시 연구 기관에서 일하는
실무자로서 국제산업물류도시에 대해 설명을 좀 하겠다.
부산시와 부산발전연구원은 현재 강서구 일대 그린벨트
해제와 더불어 강서국제산업물류도시 특별법안을 마련
중이다. 물류도시 범위를 단순히 그린벨트 해제 예정인
50㎢ 정도로만 할 것이냐, 아니면 김해공항과 그 주변, 부
산신항, 가덕도, 경제자유구역까지 더해 강서구 전체를
대상으로 할 것이냐에 대해서는 논의 중이다. 범위야 어
떻든 여기에 미니 도시국가 하나를 만든다는 것이 우리의
구상이다.

박인호 1차 포럼에서도 언급했지만 도시국가론은 부산의 자각과
시민의 자신감을 일깨워준 참신하고 혁신적인 '의제'였
다. 제2도시가 이름값을 하려면 내부 전략이 필요하다.
세계의 강대국들은 저마다 2대 도시국가 체계를 갖고 있

다. 수도권 일극 체제는 후진적 패권 국가에나 존재한다. 논의 중인 도시국가론은 지방 분권의 개념을 뛰어넘는 것이다. 일본 규슈 지역이 '분권을 넘어서……' 라고 외치며 지역의 자율적 성장과 발전을 이뤄내고 있는 것을 참고할 만하다.

황한식　도시국가론이 갖는 핵심적 의미는 부산 지역의 독자적·자주적 발전의 길을 제시했다는 점이 아닐까 한다. 글로벌화, 지방화의 시대에 대응하는 부산 자체적인 발전 담론으로서는 아주 좋았다. 도시국가의 정의를 정치적 자치, 경제적 자율·자립, 시민공동체 형성 등으로 규정한 것도 적절하다고 본다. 이제 이것들을 구체적으로 실천하는 일이 남았다. 현안 과제가 많다. 우선 정치적 자치권 부분에서는 기초단체(기초의회) 정당 공천 폐지, 지방 분권 문제, 행정적·재정적 문제 등이 실천 과제가 될 수 있다. 경제적 자율과 관련해서는 4무(무규제·무관세·무비자·무언어 장벽)를 포함시키곤 하는데, 이것도 행정적·재정적 문제와 닿아 있다. 경제적 자율은 곧 자립 경제를 뜻한다. 어쩌면 시민공동체 형성이 가장 중요하다.

사　회　도시국가론을 따로 얘기할 게 아니라, 전국적 현안인 지방 분권 개헌, 행정 구역 개편 등과 결부해 논의하자는 의견이 많은 것 같다. 이것이 바람직하다고 보시는지.

김기홍 초기에 혁신적 지역 발전 어젠다로 제기됐던 도시국가론이 시간이 흐르면서 다소 동력을 잃고 당초의 취지에서 벗어나고 있지 않나 하는 아쉬움이 있다. 초심으로 돌아가자. 분권, 개헌, 광역화, 행정 구역 개편 등에 대한 논의는 도시국가론과 같은 대형 어젠다가 없었더라도 이야기될 수 있는 것들이다. 도시국가론이 그 같은 문제와 무관하지는 않지만 핵심도 아니다. 도시국가론은 강력한 모멘텀으로서 개별적 사안을 뛰어넘는 큰 목표다. 따라서 이제 도시국가 포럼을 '더블 트랙' 형태로 발전시켜나갈 것을 제안한다. 즉 큰 틀에서 국가 체제를 개선하는 연구와 현안 문제와 접목할 부분에 대한 연구로 이원화하자는 것이다. 큰 전쟁을 하고 작은 부산물을 얻자는 게 나의 생각이다.

박인호 도시국가론을 던져놓고 세부적인 부분에 집착하면 시민들은 또 하나의 그렇고 그런 '구호성 어젠다' 정도로만 생각할 수 있다. 도시국가로 가는 길로 세 가지 방안(모델)을 제시해볼까 한다. 첫 번째는 부산만의 국제자유도시 추진이다. 두 번째는 부산 · 울산 · 경남을 묶어 광역 지방정부화하는 방안으로서 지방정부형 연방제를 실험해보는 것이다. 이것은 입법권과 준외교권까지 주어지는 실질적 자치가 이뤄진 광역 지방정부여야 한다. 마지막으로 초국경 개념을 적용한, 부산—규슈를 아우르는 초광역 지역국가 방안이다.

김해몽	도시국가 논의가 갈수록 지방의 위기 진단, 특히 경제 문제 해결 쪽으로 기울고 있다는 느낌이 들었다. 문화·환경·인권 분야가 상대적으로 소홀히 취급되고 있다. 도시국가는 정치·경제·문화·시민사회 등을 포괄하는 어젠다이다. 시민들의 의식 개혁과 실생활에 녹아들게 하는 실천 전략이 있어야겠다.
조성렬	두 가지 방향에서 도시국가 논의를 발전시켰으면 한다. 첫 번째는 국가 전략과의 관계 설정이다. 국가 전략을 따라가기만 하는 형태의 부산을 용인할 것이냐, 아니면 당당히 부산의 의사를 표명하고 목소리를 냄으로써 국가의 의사 결정 과정에 주체적으로 참여할 것이냐의 문제다. 부산은 400만 명의 대도시인 만큼 국가 정책에 어떤 형태로든 영향을 미칠 수 있을 것이라고 본다. 두 번째는 고도의 자결권을 위한 해결 과제를 어떻게 풀 것인가이다. 이를 위해서는 분권형 개헌 같은 정치적 대변혁이 있어야 한다.
박명흠	몇 분께서 도시국가 논의의 '불꽃'이 '들불'로 확산되지 않고 있다고 실망감을 표시했는데 한편으로 이해가 가는 부분이다. 그런데 이상과 현실은 괴리가 있다. 결국 선택의 문제가 우리 앞에 놓인 것 같다. 현실을 도외시한 채 도시국가만 고집하고 있을 것인가, 아니면 도시국가 개념과 콘텐츠를 큰 목표로 하되 차근차근 접근해 현안인

'5+2 광역경제권' 분권형 개헌, 행정 구역 개편 등에 우리의 논의를 접목해 목표를 달성할 것인가. 분권형 개헌을 강조하는데 간과해선 안 될 것이 있다. 헌법만 분권형으로 바뀐다고 지방 분권이 다 되는 것으로 착각하면 안 된다는 사실이다.

김기홍　어느 정도 지역사회의 공감대가 확산돼 있는 지금쯤에는 정책 결정·의결 기관인 부산시와 부산시의회 등 공식 라인에서 실질적인 행동을 준비해야 하지 않나.

장형철　지금과 같이 의제를 던지고 당위성을 역설하는 연역적 방법에서 벗어나서 각 분야별 걸림돌과 해결 과제들을 하나하나 집중 추적해서 시민 공감대와 동참을 이끌어내는 귀납적 방법이 필요할 때다. 그리고 '도시국가 포럼'의 틀에서 벗어나서 시민단체들과 네트워크를 형성하거나 범주를 확대하는 것이 요구된다.

사　회　이번 시리즈를 하면서 언론의 역할을 다시 생각했다. 단순한 정보 전달이나 문제 제기의 기능에서 한발 더 나아가 지역 발전 어젠다를 던지고 풀어가는 형태가 그것이다. 듣자 하니 정부와 부산시 측의 행보가 급박하게 돌아간다던데 그 얘기도 좀 들어보자.

박명흠　바로 그런 문제가 엄연히 존재한다. 만약 부산시가 공식적으로 도시국가를 선언해버린다면 전국적으로 추진되는 광역경제권 정책은 어떻게 될까. 차분하게 각종 현안들을 분석해 도시국가론이 품고 있는 개념들을 그것과 접목시킬 방향을 찾아야 한다.

강성권 국제자유도시로 가는 길을 모색해봤지만, 전문가 검토 과정에서 현실적 어려움이 많다는 의견이 지배적이다. 그래서 강서국제산업물류도시라는 축소형 모델을 차선책으로 선택한 것이다. 또 하나 고려할 사항은 부·울·경 광역형 정부다. 현재 행정 구역 개편 문제가 급박하게 돌아가고 있다. 또한 5+2 광역경제권 문제까지 겹쳐 있다. 그래서 현실적으로 국가 정책과 맞물리게 해 실질적 효과를 얻는 전략이 중요하다.

김해몽 그건 시민사회에 또 하나의 구태의연한 개발론으로 받아들여질 가능성이 있다.

김기홍 추진 주체의 문제가 있는데, 언론은 언론의 역할이 있고 시나 시의회 등은 또 나름의 역할이 있다. 의미 있는 어젠다가 제시된 만큼 이제 부산시와 시의회 등에서 본격 연구에 나서 결실을 맺게 해야 한다.

황한식 시민들의 실생활과 밀접한 의제를 가지고 도시국가의 필요성을 증명하면서 공감대를 확보하는 후속 작업이 필요하다.

사　회　좋은 의견들이 나왔다. 우리는 지금 '한국형 도시국가'라는 생소한 발전 틀을 논의하고 있다. 누구도 연구해보지 않았고 접근해보지 않은 주제다. 미답의 길을 가는 어려움, 그것이 도시국가 논의의 생명력일 수 있다.

부록 4
'도시국가 포럼' 3차 토론회

일시 | 2008년 12월 23일

장소 | 국제신문사 편집국 회의실

참석자 | 강성권(부산발전연구원 연구위원), 김기홍(부산대 경제학
과 교수), 김해몽(부산참여자치시민연대 사무처장), 박명흠(부산시의
회 정책연구실장), 박인호(부산경제살리기시민연대 상임의장), 조성
렬(동아대 국제무역학과 교수), 이영(부산상공회의소 상근부회장), 황
한식(지방분권국민운동 상임의장, 부산대 교수)

사회 | 박창희(국제신문) 기획탐사부장)

사 회   나라 안팎이 복잡하게 돌아가고 있다. 수도권 규제 완화
문제를 비롯해 행정 구역 개편, 개헌, 광역경제권 문제 등
굵직한 현안과 이슈들이 뒤엉켜 있다. 올해 중점적으로
제기했던 도시국가론에 대한 총평과 함께 그 연장선상에
서 내년에 풀어야 할 국가적이고 지역적인 이슈와 과제에
대해 토론해달라.

황한식   여러 가지 이슈 현안이 중첩돼 있다. 일단은 이 같은 현안
들을 '누구의 입장에서 보는가'가 중요하다. 즉 주체의
문제다. 그 범위와 주체의 단위가 정해져야 거기에 맞는
발전적 방안을 얘기할 수 있을 것이다. 우선 도시국가론
에 대해선 부산과 동남권이 함께 나아갈 비전을 집중 제
기했다는 측면에서 큰 성과가 있었다고 평가하고 싶다.

자치, 자립, 시민공동체를 지향하면서 지역의 자발적·자생적 생존 전략을 제시했다는 점에서 발상의 전환을 이끌어냈다. 아쉬운 점은 외국의 사례들을 통해 다각적인 방안을 모색했지만 한국적이고 부산적인 도시국가로 가기 위한 해결 과제에 대한 치밀한 접근은 다소 부족하지 않았나 하는 것이다.

박명흠 도시국가론은 그 획기적 발상에도 불구하고 한국적 현실에서는 이상론의 측면이 없지 않았다. 이제 현실적인 얘기를 해야 한다. 수도권 규제 완화 문제를 예로 들어보자. 정부는 수도권 규제 완화를 먼저 내놓은 다음 지방종합발전 대책을 내놨다. 이를 통해 수도권과 비수도권의 대치 국면을 흔들고 비수도권 지자체들에 대해선 각개 격파 전술을 펴고 있다. 대치 전선이 와해될 듯한 분위기다. 때문에 지방의 위기감이 더 고조되고 있다. 비수도권의 재결집을 위한 움직임이 필요하다. 이를 통해 연방제 수준의 대폭적인 권한의 지방 이양, 분권형 개헌까지 이끌어낼 수 있게 해야 한다. 그 속에서 도시국가론을 접목해나갈 방안을 찾았으면 한다.

박인호 도시국가론은 도시 경영, 도시 전략의 차원에서 지방의 살길을 찾는 큰 목소리였다고 본다. 그러나 정부는 여전히 지방을 홀대하고 있다. 지방 정책을 총괄하는 정부 부처조차 없는 실정이다. 지방 정책을 중시하지 않는다는 뜻이다. 유의할 것은 지방에서 보는 지방과 서울에서 보는 지방의 의미가 다르다는 점이다. 서울에서는 지방을 시혜적 대상으로 본다. 그런 인식부터 깨야 한다.

사　회　도시국가론을 처음으로 제기하며 남다른 애착을 보였던 김기홍 교수님은 현 상황을 어떻게 진단하시는지.

김기홍　지방 발전에 관한 한 2009년에도 별로 기대할 게 없을 것 같다. 정부의 많은 정책이 실물경제 위기에 휩쓸려가는 양상이다. 많은 지방 발전 대책이 후순위로 밀리거나 아예 포기될 수도 있다. 어차피 내년 1분기에 최악의 실물경제 위기가 온다고 하지 않나. 이런 측면에서 볼 때 광역경제권, 5대 초광역 벨트 등의 지방 발전 정책은, 좀 심하게 말하면 공허한 립 서비스가 아닌가 하는 생각마저 든다. 도시국가론을 재정비할 필요가 있다. 분권과 규제 완화의 문제 등도 도시국가론과 별개가 아니다.

강성권　그간 많은 노력에도 불구하고 지방의 살길 찾기를 위한 여러 요구는 한국의 권력 구조상의 문제 때문에 전혀 해결되지 않고 있다. 부산시는 강서구 그린벨트 해제 지역을 국제산업물류도시로 개발하기로 하고 이를 미니 도시국가형으로 만든다는 구상을 하고 있다. 이를 바탕으로 한 큰 틀의 논의가 필요한 때다. 특히 단순히 부산만을 위한 전략이 아닌 전국적인 지역 발전 어젠다로 이슈화할 수 있는 전략이 나와야 한다.

김해몽 도시국가론은 이상적인 부분이 많았다. 자연히 논의가 분분할 수밖에 없었다. 현실적 접점을 찾을 필요가 있다. 당장 수도권 규제 완화와 광역경제권 등 해결 과제가 산적해 있는데, 비전 이야기만 하고 있을 수는 없지 않은가. 경제 위기를 내세워 정부의 지방 정책이 역행하고 있다는 데도 관심을 기울여야 한다.

박명흠 도시국가론을 부산에만 한정해선 성과를 내기 어렵다. 국가 지역 정책의 틀, 지역 대개조의 일반론으로, 모두에게 해당되는 과제로 성장 발전시켜야 한다. 이때 자유선진당의 '강소국형 연방제'도 참고할 만하다. 부산시가 강서권에 추진하는 '국제자유도시'는 범위 설정에 다소 문제가 있다. 강서권에 국한한다면 국제자유구역이 될 수밖에 없지 않나. 특별자치도인 제주도가 지향하는 것이 국제자유도시다. 제주와의 차별성도 검토돼야 한다.

사 회 그럼 어떠한 대안이 있나.

박명흠 지난번에도 말했지만 결국 '도시국가형 광역정부'로 논의를 모아가야 한다. 도시국가라는 이상적 개념과 5+2 광역경제권, 행정 구역 개편이라는 현실적 과제를 모두 접목할 수 있는 방안이라고 본다.

조성렬　나는 도시국가론이 부산의 발전 및 미래 비전을 위한 촉발적 개념으로 적절하다고 생각한다. 그동안 분권, 균형 개발 등의 논의가 있었지만 구심점이나 지향점 없이 전개되어 방향이 흔들린 측면도 있다. 그러다 '도시국가 부산'을 제창하면서 지향점이 선명해졌다. 홍콩, 싱가포르, 두바이가 보여주듯이 도시국가로 나아가려면 금융이 뒷받침되지 않으면 안 된다. 부산이 추진 중인 금융 중심지 선정 노력이 중요하다는 점을 강조하고 싶다.

이　영　도시국가론은 '이대로 가면 지방이 다 죽는다'는 위기감에서 나온 것이다. 방향은 맞다고 본다. '도시국가형 연방제(광역정부)'의 논의도 같은 맥락일 것이다. 하지만 그 같은 논의나 어젠다는 선언적 의미가 강하다. 법적·제도적 난제가 현실을 가로막고 있기 때문이다. 그래서 나는 그것을 향한 전 단계로 '도시 간 연합'을 모색하자고 제안한다. 부산상공회의소에서도 부산시 등과 협력해서 다른 시·도와의 정책 연합이나 공동 개발 사업을 논의 중이다. 이를 발전시키면 도시국가 수준의 지역공동체가 되지 않겠는가. 낙동강 물길 살리기에 대한 강 유역 5개 시·도의 연합 전선 형성도 그러한 사례의 하나라고 본다.

사　회　이제 내년에 풀어가야 할 과제에 대해 논의해보자. 도시국가형 광역정부(연방제)와 같은 새로운 지역 대개조 전략에 대한 견해도 밝혀달라.

황한식 총론 못지않게 각론도 중요하다. 각 부문별 의제를 설정하고 실천 주체를 형성해 협력과 노력을 통한 추진력을 창출해야 할 필요가 있다. 나는 지방 분권 전략, 시민 자치 전략, 경제 자립 전략, 중앙과 지방의 다극 분산화 전략, 주체 형성 전략을 각론적 입장에서 풀어나가야 한다고 생각한다. 이런 것들이 풀려야 도시국가형 광역정부 같은 큰 목표에 다가갈 수 있다.

김기홍 '도시국가형 연방제'에 한정해 이야기해보겠다. 어떤 것이든 변화를 촉발해 그것을 이끄는 모멘텀, 촉매가 중요할 것이다. 현실적 측면에서 연방제라는 명칭보다는 그것과 의미가 비슷한 '도시국가형 광역정부'가 적절하다고 생각한다. 도시국가는 그 자체가 목적이 아니라 지방이 어떻게 잘살 것인가에 대한 고민의 발로이기 때문이다.

박명흠 도시국가형 연방제나 도시국가형 광역정부나 사실 그 의미 차이는 크지 않은 것 같다. 또 도시국가와 연방제도 별개의 개념은 아니다. 결국 강소국형 연방제론의 모델인 핀란드나 홍콩, 싱가포르가 모두 도시국가 아닌가.

강성권 강서 미니 도시국가의 경우, 국제산업물류도시에 한정되는 것이 아니다. 경제자유구역과의 중첩을 우려하는데 그것도 큰 문제는 안 된다. 경제자유구역을 반납하고 '미니 도시국가'의 큰 틀 안에 넣는 방안을 연구 중이다. 또한 기업도시에 해당되는 각종 혜택도 이 틀 속에 포함할 수 있다. 결국 도시국가론의 현실적 접목과 실현을 위해서는 도시국가형 연방제로 가는 큰 그림 속에서 단계적 접근을 해나가면 될 것이다.

사 회   부산에서 한국을 크게 바꿀 밑그림을 그린다는 말인데…….

강성권   그렇다. 과거 지방 분권 3대 특별법을 탄생시킨 지역적 주체도 부산이었다. 부산에서 분 바람이 전국을 움직였다는 말이다. 이번에는 '도시국가형 연방제'로 새바람을 일으켜보자. 이를 추진하는 주체가 가장 중요한데, 나는 지방분권국민운동본부 등이 나서주었으면 하는 바람이다. 부산에서 먼저 추진 주체를 탄생시킬 수 있다면 대구 등 다른 지방 시민단체와의 연대를 모색할 수 있고 전국적인 연대로 확대해나갈 수 있지 않겠는가.

박인호   수도권 규제 완화와 관련된 갈등 국면 속에서도 시민사회는 결집된 힘을 보여주고 있다. 현재 대체 입법안을 마련 중이며 곧 윤곽이 나올 것이다.

황한식   주체 형성과 관련해 시민사회의 역량을 모아야 한다는 것은 너무나 당연하다. 동시에 NGO 지식인들이 비빌 언덕, 즉 지자체와 경제계 등 지방의 주요 주체들과의 연계 및 네트워크가 필요하다. 지금까지는 특성상 협력 관계를 형성하기가 쉽지 않았지만 이제는 전향적으로 노력해야 한다. 그런 노력 없이는 안 된다.

박명흠 '부산발' 도시국가형 광역정부 추진 기구라도 만들면 어떨까 싶다. 현재 지방 분권과 균형 개발 등과 관련해 3개의 전국적 조직이 있다. 이들과 공동 전선을 구축하고 공감대를 형성하는 게 쉽게 가능할지 고민이 되기도 하지만, 우선은 부산에서라도 독립적인 추진 기구를 검토해볼 필요가 있다.

황한식 지방 분권과 관련된 전국적 모임은 부산에 본부를 둔 지방분권국민운동과 대구에 있는 지역균형발전협의체, 그리고 수도권과밀연대 등 세 개다. 이들 단체의 연합체 성격을 가진 지방분권균형발전 연석회의가 있는데, 최근 수도권 규제 완화로 인한 갈등 이후 연석회의의 힘이 다소 떨어지고 있다. 시민운동 진영의 역량 재결집이 요구되고 있지만 쉽지만은 않다.

사　회 정리를 해달라.

김기홍 오늘 논의가 크게 '추진 주체'와 '방향'이라는 두 가지로 좁혀진 것 같다. 도시국가론은 언론에서 처음 제기했던 것이니만큼 포기하지 말고 지속적인 이슈로 만들어갔으면 한다. 지방자치단체가 참여할 수 있는 통로를 만들어 국제 학술 세미나도 열고, 시민운동 차원의 캠페인도 벌여야 한다.

황한식　시민운동을 하는 입장에서 여러 시민단체들과의 연대를 모색하고 이슈화를 위한 전략 마련에 노력을 쏟겠다. 시민 역량이 중요하겠지만 정치적·행정적으로도 힘이 모아져야 한다는 점을 간과해서는 안 된다.

강성권　가칭 '도시국가형 광역정부 추진 범시민연대' 와 같은 조직이 만들어지면 좋겠다. 욕심 같아선 선언문 같은 것도 하나 만들고 싶고……. 선언이 있어야 행동이 따르는 것 아니겠는가.

이　영　단계적으로 나아가자. '선언' 이라고 하기에는 무리가 있지만 오늘 논의는 상당한 의미를 가지는 것 같다.

사　회　진척된 이야기들이 오간 것 같다. 좋은 말씀 감사드린다.

(직함은 토론회 당시 기준)

부산 독립선언

초판 1쇄 발행 2009년 6월 10일

지 은 이 박창희 · 이승렬

펴 낸 이 최용범
펴 낸 곳 페이퍼로드
출판등록 제10-2427호(2002년 8월 7일)
          서울시 마포구 연남동 563-10번지 2층

기   획 이송원, 노만수
편   집 남미은
마 케 팅 김경훈, 윤성환
경영지원 임필교
디 자 인 장원석
출   력 스크린그래픽센터
종   이 태경지업사
인   쇄 천광문화사
제   본 현남제본
공 급 처 한강도서라인

이 메 일 paperroad@hanmir.com
Tel (02)326-0328, 6387-2341 | Fax (02)335-0334

I S B N   978-89-92920-30-8 03350